직관의 솟깃함

-직관 그리고 80가지 사유-

직관의 솔깃함
-직관 그리고 80가지 사유-

초판 1쇄 인쇄_ 2024년 02월 05일

지은이 · 이혜연
펴낸이 · 이혜연
펴낸곳 · 도서출판 혜연의 꿈
표지디자인 · 더플랜하기
출판등록 · 제 2023-000021호
주소 · 부산 광역시 진구 마철로114 서면비스타동원102동301호
팩스 · 051 980 1015
이메일 · yeon40361007@hanmail.net
ISBN · 979 -11- 984614- 0-7 03100

이 책에는 네이버에서 제공하는 나눔글꼴이 사용되었습니다.

잘못 만든 책은 구입하신 서점에서 바꿔드립니다.

직관의 솔깃함

-직관 그리고 80가지 사유-

이혜연 지음

도서출판 혜연의 꿈

【차례】

제1부 삶과 존재

1. 삶을 향한 모든 물음은 자아에 대한 이해에서 비롯된다. ・11

2. 삶은 의지를 실현하기 위한 끊임없는 훈련이다. ・13

3. 곱씹지 않은 삶이란 가치가 없는 것인가? ・15

4. 타인과의 공존을 염두에 두어야 하는 존재로서의 인간 ・17

5. 능동적인 존재란 내면의 이상을 향하여 부르짖고 분투하는 대담함을 지닌 자이다. ・19

6. 존재가 타당해지다. ・21

7. 인간의 삶은 어떤 면에서는 그 자체로 하나의 미궁이다. ・23

8. 존재는 영원을 꿈꾼다. ・25

9. 깨어있다는 것의 의미 ・27

10. 스스로 나다움이 되는 것이란? ・29

11. 개체성에 얽매이는 인간 ・31

12. 존재가 바라보는 세계의 의미 ・33

13. 인간은 정당한 이념을 지닐 때 가장 인간다워진다. ・35

14. 인간은 자발적인 도구적 존재이다. ・37

15. 인간은 앎에 대한 강렬한 열망을 지닌 존재이다. ・39

16. 인간은 희망을 바라볼 때 의욕을 느낀다. •41

17. 인간에게는 능동적으로 삶의 의미를 부여하고 이에 대처하는 자세가 필요하다. •43

18. 인간의 조건 : 사상의 전환과 혁신을 두려워하지 않는 삶을 살아야 한다. •45

19. 인간은 영혼에 각인된 신적인 이지理智를 활용하여 신성神髓에 가 닿을 수 있다. •47

20. 자신이 지닌 에너지를 건강하게 발현시킬 수 있는 인간만이 정신의 지평 위에 살아있게 된다. •49

21. 세계 속에서 빛나는 것은 존재의 충실함이다. •51

22. 길 위의 인간은 약속된 땅을 걸으며 자유와 영감을 얻는다. •53

23. 인간이 본디적 존재와의 합일을 경험하는 최고의 순간은 해묵은 의식의 태를 탈피할 때이다. •55

24. 세계 속에 자리하고 있는 인간을 이해하다. •57

25. 본질을 통찰하는 것이 인간의 의무이다. •59

제2부 세계와 현상

26. 현재란 무엇인가? •62

27. 인간에게 세계란 무엇인가? •64

28. 인간이 하나의 세계관을 견지하다. • 66

29. 동기감응 • 68

30. 장애물을 만났을 때 인간은 삶의 단면을 더욱 확대해서 의식한다. • 70

31. 서로의 세계가 맞닿는 경험을 통하여 인간은 내면의 욕구를 건강하게 분휘奮揮할 수 있다. • 72

32. 우리는 언제나 세계의 곁에 있다. • 74

33. 인간이 느끼는 권태는 자신의 본위성을 의심하게 만든다. • 76

34. 이상을 추구함으로써 인간은 삶에 대한 불가역적인 진정성을 가질 수 있다. • 78

35. 의지란 무엇이며 우리의 삶에서 어떻게 작용하는가? • 80

36. 욕구란 내면의 갈망이 불러일으킨 점화된 자기 인식이다. • 82

37. 역사성이란 존재 일반이 존재 경향이 되는 가치 추구의 흔적이다. • 84

38. 가장 커다란 진리란 무엇인가? • 86

39. 인간에게 시간이 의미하는 바는? • 88

40. 우리의 심연에는 무엇이 존재하는가? • 90

41. 빛을 통하여 인간의 의식은 자유로움을 얻는다. • 92

42. 세계를 향한 고뇌의 실체란 무엇인가? • 94

43. 정신의 의무는 자신을 극복하는 것이다. •96

44. 하나의 현상이 포착되는 순간이 보편에서 특수함으로 이행되는 근간이다. •98

45. 인간에게 필연적으로 다가오는 이념은 어떤 속성을 지니는가? •100

46. 인간이 한계를 극복하려는 용기는 언제 발생하는가? •103

47. 거인은 내 안에 존재한다. •106

48. 인간은 각자의 고유한 운명 가능성을 지녔다. •108

49. 인간을 움직이는 원동력은 이상에 대한 소신所信이다. •110

50. 운명의 유한함이 인간에게 선사하는 유일한 선물은 망각이다. •112

제3부 내밀한 사유들

51. 물음으로써의 행위란 무엇인가? •115

52. 사상적 실질을 추구하는 일은 내적 구성의 실현과 소묘를 통해 이루어진다. •117

53. 고귀한 사람을 결정짓는 요소는 정신의 성숙함이다. •119

54. 예술의 가치는 무한하기에 우리를 열광시킨다. •121

55. 동정이란 상호 배려적인 존재의 의무이다. •123

56. 자의식을 지니는 것은 자신을 둘러싼 사물과 현상을 바라보는 기준과 체계적인 관점을 정립하는 데서부터 시작한다. •125

57. 의식의 흐름 속에서 지향해야 하는 바 •127

58. 정신적인 우월함을 지닌 인간이란 혼돈의 순간에도 내면의 자아가 지향해야 하는 바를 정확하게 인식하는 자이다. •129

59. 인식의 본질 •131

60. 정신이 자신을 의식할 때 발생하는 일 •133

61. 자신만의 고유한 언어를 가지다. •135

62. 개념을 정립하다. •137

63. 반성 •139

64. 안다는 것 •141

65. 기만의 구조적 계기와 농락의 목적성 •143

66. 우리는 우유성을 구분할 줄 아는 존재가 되어야 한다. •145

67. 고독 •147

68. 기억 •149

69. 내성內省: 내면으로 시선을 돌리다. •151

70. 삶과 죽음 •153

71. 후회 •155

72. 인간이 스스로를 기만한다는 것은 무엇을 의미하나? •157

73. 인간에게 꿈이란 어떤 가치를 지니는가? • 159

74. 마음이란 무엇인가? • 161

75. 해석이란 또 하나의 나를 주체로서 찾아 나가는 과정이다. • 163

76. 인간을 계몽시키는 행위가 가지는 의의 • 165

77. 인간이라면 경험하게 되는 공허감의 실체는 올바른 가치적 지향점의 부재이다. • 167

78. 우리는 진정한 지성이 지닌 진리의 명증성을 확보하기 위해서 주체적으로 의심을 품고 답을 찾는 과정을 거쳐야 한다. • 169

79. 스스로의 가능성을 의심하는 한이 있더라도 극복해 내어 반드시 다시 일어서고 마는 인간이 되어라! • 171

80. 당신의 존재 일반이 존재 경향이 되는 날을 꿈꾸며 • 173

제1부
삶과 존재

1. 삶을 향한 모든 물음은 자아에 대한
   이해에서 비롯된다.

자아란 상주하는 정신의 실체로서 다양한 이념을 추구하며 자기 해석을 수행하는 존재이다. 이는 현존재가 녹아있는 보통의 근본적 구성이지만 개별 존재로서 지닌 특유의 개체성을 보유하고 있다. 세계 속에서 자신의 위치를 정립하고 인간의 영혼이 내시來示하는 바를 귀 기울여 듣는 존재로서 자신과 세계에 대한 끝없는 관심을 지닌다.

우리가 삶에서 가지는 물음은 모두 자아의 인식 기반을 바탕으로 하여 생성된다. 스스로에 대한 이해와 자각이 가능한 수준으로 타인과 세계에 관한 물음과 해답도 구할 수 있는 것이다. 그렇기에 물음은 세계를 향한 자신의 모습을 규정한 것이며, 타인에 자신을 투영함과 동시에 자신을 내보이는 존재 양상이 되는 것이다. 물음을 통해 사물에 형식과 의미를 부여함에도 방향의 지류는 잠재적인 내적 경향성으로 인하여 결정된다.

그러므로 인간이 세계의 현상과 내 세계적 존재로서의 만물에 대한 답을 구하기 전에 먼저 건강하고 뚜렷한 자아의식을 지니는 것은 생을 유의미하게 영위하기 위해 꼭 필요하다. 이를 통하여 내면의 통찰을 거친 인간은 모든 존재가 현상적으로 가리키는 바를 파악하고, 자아와의 관계를 이해하며, 자신을 둘러싸는 것들에 대한 통견洞見을 얻을 수 있다.

이렇듯 삶을 향한 모든 물음은
자아에 대한 이해로부터 비롯되는 것이다.

2. 삶은 의지를 실현하기 위한
   끊임없는 훈련이다.

삶이란 인간이 자신만의 세계 그리고 시간과 공존하기 위한 열린 지평이다. 세계 내 존재는 끝없는 선택과 반복을 기꺼이 받아들임으로써 일상성을 영위한다. 인간은 언제나 책임과 자유의 사이를 오가며 삶의 정당성을 추구하는데, 이들을 통해서 저마다의 운명이 결정되는 것이다.

우리의 삶은 의지를 실현하기 위한 연속적인 훈련의 과정이다. 의지를 현실로 가져오는 이 과정에서 자아는 끊임없는 자기 통제와 자기 검열을 통하여 이상적이라 판단되는 삶의 상像을 형성해 나간다. 인간은 하나의 본능으로서의 의지를 발현하려 하지만 그 과정에서도 날카로운 이성과 환경을 자신에게 유용하도록 활용하려는 의식이 작용한다. 의지를 향한 신념을 지닌 인간이 주의해야 할 한 가지는 시간의 지점에서 비롯되는 혼란에 머물지 않는 일이다. 우리의 의식과 존재하는 바는 현재에 살기를 요구받는다. 그것이 인간을 가장 건강하게 만들어 주는 조건이 된다. 이러한 관점하에서 우리는 삼라만상이 지닌 모든 순간의 가치를 경시하지 않아야 하며, 올바르게 현재성을 향유하는 일을 잊어서는 안 된다. 이것이 삶이 지닌 요소들을 향한 경중을 대할 때 어느 한쪽으로 기울어짐 없이 조화와 균형을 유지하는 일이 우리의 인식에 재고되어야 하는 이유이다.

무언가를 추구하려는 인간의 의지 없이 공간으로써의
세계는 존재할 수 있더라도
생生은 어떠한 모습도 갖추어질 수 없다.

3. 곱씹지 않은 삶이란 가치가 없는
것인가?

삶은 언제고 자연스럽고도 퉁명스럽게 다가온다. 삶은 흙의 무덤 속에 파헤쳐지지 않은 의미와 방향성 그리고 가치들을 간직한 채 펼쳐지는데, 그 자체로 존재하므로 '무'가 아니라 '유'이다. 그러기에 삶이 수반하는 모든 문제도 동시에 '유'가 된다. 자신의 의지와 관계없이 존재할 수밖에 없는 지경으로 내몰린 우리는 그 안에서 주어진 존재의 의미를 찾기 위해서 곱씹는 과정을 거쳐야 한다. 삶을 선물 같은 환희가 아니라 숙제로 규정지을 수밖에 없는 삶을 사는 인간은 선험적으로 존재의 운명을 고찰하도록 하는 선택지를 부여받았음을 직감할 수 있다. 우리를 둘러싼 세계 현상의 해명과도 같은 거창한 주제를 다루는 일은 배제하더라도,

자신에게 주어진 삶과 운명에 대한 진중하고도
정성스러운 고뇌와 의식적 자각의 추구는 인간의 타고난 존엄성을
증명할 수 있는 인간만의 특권이자 성스러운 행위이다.

세상의 모든 것들은 고유한 존재 양상이 있으며, 인생의 어느 정도 예견된 큰 그림을 알고 싶어 하는 것이 인간이다. 이를 위하여 우리는 스스로를 초월하여 미래로 내던지는 기투를 두려워해서는 안 된다. 의식의 흐름은 무규정적인 상태를 거치며 아주 짧은 순간에서조차도 우리는 어떠한 특정한 운의 흐름과 방향성에 이끌려 나아가고 있다. 존재로서의 응당함에 부응하기 위하여 우리에게 능동적으로 곱씹는 삶이 주는 고독은 마땅히 치러야 할 대가이다. 그로 인하여 우리는 자아의 진정한 본질과 마주하게 될 것이며, 고독의 시간을 거친 후에야 인간으로서 얻게 될 허락된 만큼의 숨겨졌던 자유의 의미를 향유할 것이기 때문이다.

4. 타인과의 공존을 염두에 두어야 하는 존재로서의 인간

이는 타인에 의거하여 존재 의미와 삶의 연관을 투영하는 내적인 기제機制가 인간의 삶에 작용한 것이라는 관점에서 이해될 수 있다. 인간은 자신의 존재 의미를 스스로에게서 찾아볼 수 있지만, 타인을 통해서도 발견할 수 있다. 이렇듯 우리에게는 타인의 존재 자체가 하나의 의미로 작용하여 서로의 삶에서 견인의 역할을 수행한다.

인간의 운명을 천착하는 비밀은 근원적 존재로서의 자신을 깨우치는 데에 그 해답이 있다. 개체는 서로 간에 유기성으로 얽혀 있기에 본능적으로 하나의 현안을 공통으로 이해하려는 관심을 지닌다. 이들은 타인과의 연대감에서 비롯된 심경적 전이와 내적 언어의 전달을 통하여 서로의 세계관을 공유함과 동시에 고유한 심연에 존재하여 아직 파헤쳐지지 않은 근원에 도달할 수 있도록 의식하지 못한 사이에 서로를 북돋우는 역할을 한다.

> 인간이 타인과의 공존 속에서 자기 성찰을 이룬다는
> 진리는 간과할 수가 없다.

이것은 인간 존재가 시현하는 최초의 자기 성찰을 위해서는 외부와의 상호 작용과 기제機制적 자극 없이는 자신의 존재 인식을 안출案出해낼 수 없다는 결론에 기인하기 때문이다. 모든 존재는 타인과의 관계에 있어서 양가적인 태도를 취한다. 이들은 고유한 독자성을 지향하는 바와 동시에, 존재 특유의 상호 의존적인 성향이 자신 안에 잠재되어 있다는 사실을 겸허하게 인지하며 생生에서 이것들을 자유로이 구현한다.

5. 능동적인 존재란 내면의 이상을
  향하여 부르짖고 분투하는
  대담함을 지닌 자이다.

존재는 그 자체로 추구되어야 할 잠재성의 실현을 위하여 탄생하였으며, 삶에서 파헤쳐지지 않은 실존하는 가치와 의미들에 대한 해답을 천착하며, 삶의 본질과 실체들에 다가설 의무를 지닌다. 어떠한 존재로 간주한다는 것은, 그것의 본질이 현시하는 바를 정립된 관점을 토대로 사유하여 가능성을 부여한다는 의미가 내포되어 있다.

존재는 모두 삶의 고유한 근원으로서의 구성 체계와 경향을 지닌 채 탄생한다. 존재 경향은 양상에 따라 능동적인 의미와 수동적인 의미로 구분할 수 있다. 능동적인 의미에서의 존재 경향은 삶에서 펼쳐지는 하나의 단면에 대하여 수동적인 의미에서보다 내밀한 사유를 거친 고찰과 직관에 의존하는 정도가 크다. 능동적인 존재란 내면에 존재하는 이상을 향하여 분투하고 부르짖는 대담함을 지닌 자이다.

이들은 자신이 지닌 비참함과 근원적 불안을 딛고 어떠한
상황이 닥쳐 흔들리는 한이 있더라도 의연하게
앞길을 걸어 나가는 존재이다.

이들은 삶에 대한 애착은 두뇌 닿을 수 없는 영역에 대하여는 체념하며, 자신과 이를 둘러싼 삶이 과연 무엇인지에 대하여 적극적으로 파악한다. 또한 하늘 아래 일어나는 일들에 관한 원인과 비밀은 인간이 알 수 없음을 겸허히 인정하지만, 삶을 관망만 하지는 않는다. 오히려 능동적으로 내면이 호소하는 소리에 귀 기울이며, 삶에 대한 불가해한 영역이 공존함을 인식하여 신에게 의존하는 동시에 스스로의 삶을 자발적이고 책임 있는 존재로 이끈다.

6. 존재가 타당해지다.

존재의 타당성을 취득하는 일은 세계 속에서 암묵적으로 또는 공공연하게 타자他者에 의해 향유된 본질을 통하여 그 영향력을 용인받았다는 뜻이다. 우리가 존재의 타당성을 입증하기 위하여 세계 속에서 삶을 주사做事하는 존재의 어떤 면을 포착해야 할까? 그 물음이 가진 자체적인 규명 상의 미묘한 까다로움에도 불구하고, 수많은 본질적 경향 중 존재는 관계성 안에서만이 발견될 수 있는 유용성과 존재적 고유성을 지녔기에, 그 타당함을 답으로 찾을 수 있다.

기본적으로 변하지 않는 본원으로서의 존재는 현상을 통하여 원리적 이치 안에서 자신의 유일무이한 가치를 드러내는데, 이런 면에서 현상이 지닌 관계성과의 결부가 존재의 타당함에서 그 배경이 된다. 먼저 유용성에 관하여 이야기하자면, 존재는 어떤 면에서는 일부 은폐된 것처럼 보이기도 하지만, 자신과 관계할 수 있도록 적극적으로 그 본성으로 작용하는 특질을 현시하며, 의식의 지평에서 나와 타인을 구분 짓는 동시에 상호 교섭의 관계를 맺으며 양가적인 영향을 미칠 유의미성을 지닌다. 타당한 존재를 고유성의 개념으로 이해하자면, 존재는 개체가 지닌 내재한 고유성을 발현하며 이 과정에서 현상은 의식을 따른다. 나아가 대상의 고유성을 두드러지게 하는 무언가가 존재의 잠재적인 가능성을 초래하는 결정적 요소로 작용한다.

이렇듯 무의미성의 수용을 첫걸음으로 삼아,
시도 없이는 발견되지 않았을 의미의 가능성을 타진하는 행위가
존재의 타당함을 입증하는 데 필요한 근본적인
태도로써 작용한다.

7. 인간의 삶은 어떤 면에서는 그 자체로 하나의 미궁이다.

누구나 자신의 삶 안에 고유한 내러티브를 가진다. 그럼에도 불구하고 인간이 그것을 조망하거나 가까이에서 관찰하다 보면 삶은 그 자체로 하나의 미궁이라 확신한다.

판단하건대, 반드시 그 순간이 의미하는 바를 적절한 시기에 알아야 했음에도 불구하고 우리는 무엇이 허구인지 실제인지 구분할 수 없는 지경까지 이르는 미궁 속에서 헤맨다. 그렇기에 인간은 어차피 우주와 별의 순환을 위해서 하나의 약속된 체계 안에서 살아가도록 지음 받은 부산물일 뿐이다라는 의심에서 벗어날 수 없다. 동시에 많은 순간을 통해 인간은 수단이 아닌 목적으로 존재함으로써 삶을 이끌어 나가도록 생生을 부여받았다는 사실을 의식 안에서 감지한다. 그렇다면 결코 우연의 지배가 아닌 이 인간의 의식을 주도하는 것은 무엇일까? 무엇이 인간의 삶을 이토록 의심과 확신 사이에서 아슬하게 소수消受하게 하는 것인가? 우리는 수많은 질문에서 벗어날 수가 없다.

인간은 삶의 과정에서 기약 없이 유보해야 하는 판단과 인식 그리고 결정의 속박 속에서, 단편적으로는 고뇌와 수고로움만이 인생을 점철하는 것처럼 느끼지만 한편으로는 관념적으로 존재하는 이상적인 가치와 집약된 정신의 실현을 추구할 수 있다.

인간에게는 제약이 많지만, 수많은 질문 속에서
이성의 분휘奮揮를 통해서 스스로를 자유롭게 할 수 있는
기회 또한 주어진다는 진리를 잊어선 안 된다.

8. 존재는 영원을 꿈꾼다.

소망의 주체로서 존재는 영원히 닿을 수 없는 개체의 불멸을 꿈꾼다. 매 순간 단 한 번만 존재하는 인생의 유한성은 인간을 가장 비참하게 만드는 공식이다. 한 번 지나간 것은 되돌릴 수 없을 뿐이고, 영원한 것은 없는 인생의 허무함을 인간은 무엇으로 달랠 것인가? 인간은 어떤 운명을 노래해야 할 것인가? 인생은 존재에게 무엇을 은폐하고 있는 것인가? 이렇듯 분별없는 암흑과 의식의 퇴락 속에서 존재의 삶에 불을 밝히는 것은 영원을 꿈꾸는 행위뿐이다. 이는 명확한 것이 없는 삶에서 근원적인 완전성을 탐닉하는 것이다. 존재에게 허락된 영원이란 실질적이지 않기에 우리는 유형의 요소들에 눈을 돌린다. 이는 의식과 신념을 집결시키는 행위를 통해서 자신을 내맡긴 후, 그로 인하여 생성된 사상 전반을 유형의 요소들과 결합하는 일이다.

> 인간의 영혼이 영원에 가 닿을 수 없기에 인간은 의식을
> 통해 허락된 한계를 넘나든다. 그리고 기록의 흔적을 담은
> 유형의 요소를 통해서 우리는 영원을 살게 된다.

이성적인 사고를 하고 영지英智를 지닌 인간이 그것을 발휘할 수 있는 삶을 사는 것은 최고의 영예이기도 하다. 이 과정은 타인에게는 정신의 유익함을 제공하고 본인에게는 의식의 승화를 유발하기도 하기에 더욱 가치 있게 여겨진다. 자신에게 허락되지 않은 가치에 인간은 더욱 목말라하는 경향이 있다. 살아가는 것에 대한 최선과 진리에 대한 답을 찾는 것이 막연하지만, 영원성에 가 닿으려는 욕망은 태생부터 부여받은 운명의 올가미임이 틀림없다.

9. 깨어있다는 것의 의미

깨어있다는 말은 인간이 주도적이고 능동적으로
스스로의 의식의 흐름과 그 지류를 가늠하며 인지하는
자아의 자각적 태도를 의미한다.

이는 삶에서 마주할 수 있는 다양한 현상적 측면에 대한 무비판적 수용을 경계하며 끊임없이 새로운 창조를 실현할 수 있는 기반이 된다. 깨어있는 인간은 지속적이고 정당한 의심과 비판을 발판 삼아 만물을 통찰하는 안목을 키우게 된다.

인간은 마주하게 되는 만 가지 실재적 상황을 바라보는 방식에 대하여 스스로가 취한 당위성을 부여한다. 어떤 인간은 의식의 흐름을 취급하는 행위의 과정에서 완벽성을 추구하는 행태를 보이기도 한다. 깨어있는 태도는 안주하지 않겠다는 일념의 반영이며, 우리가 보내는 어떤 단 하루도 같은 날은 없다는 사실을 자각하고 주어진 하루에서 배움을 얻어내는 태도이다.

깨어있는 인간은 어김없이 찾아오는 권태와 쾌락에 종속되지 않고 스스로 더 나은 인간상을 추구하고 인류의 건강한 번영을 위하여 자신이 기여할 수 있는 바를 기꺼이 발견해 낸다. 또한 이를 추구하는 인간에게 거듭남을 지향하는 태도는 응당 발견할 수 있는 현상이다. 삶을 더 나은 방향으로 이끌고 관찰하고 거듭나며, 부단히 노력하며 가치롭게 살기를 염원하는 인간에게 깨어있는 태도란 지녀야 할 필수적인 요소이다. 항상 깨어서 지금 이 순간 알아야 할 진리를 추구하는 전말을 거치는 인간은, 매일 자신의 해묵은 어제의 모습을 한 꺼풀씩 벗겨내며 새로 태어나는 스스로를 발견하는 지적 희열에 머무를 수 있게 된다. 진정으로 깨어있는 인간은 항상 진리와 공존하는 것이다.

10. 스스로 나다움이 되는 것이란?

인간은 누구나 본능적으로 자신의 본위를 추구하려는 경향이 있는데, 인간이 나다워지기 위해서는 절제를 통하여 욕망과 의지를 이성과 조화시키는 태도를 지니는 것이 근본에 다가설 수 있는 시발점이 된다. 이는 스스로의 정체성을 찾아가는 과정에서 항상 정도를 추구할 줄 아는 의식적인 노력이 요구된다는 것이다. 지나침이 없는 것, 즉 하나의 경향으로 과도하게 치우치지 않고 삶에 조화가 깃들도록 해야 한다. 의식적으로 삶을 대하는 태도를 가다듬음으로써, 가치 있게 살기 위한 궁리를 끊임없이 강구하고 성찰하는 인간이야말로 진정한 자기 본위에 다가선 존재이다.

나다움은 나아가 스스로가 지닌 성장 잠재력을 경시하지 않는 태도에서 비롯된다. 나는 언제나 어제보다 나은 상태에 도달하려 하는 필연적 존재로서 내면의 자아가 진정으로 원하는 것을 외면하지 않아야 한다. 인간이 고수하는 존재 이념 중 발전에 대한 욕구는 인간이라면 기꺼이 추구해야 할 상위 단계의 의식이다. 성장 잠재력을 지닌 인간은 자신의 내면에 존재하는 신적인 이성과 거대한 빛의 형상이 타인에게도 존재함을 직관한다.

이는 자신이 발전 지향적 원동력을 지닌 존재이며,
타인과의 건강한 공존을 위한 이념을 추구하는 인간이야말로
종국에는 필연적으로 자아의 발전과 완성에
도달할 수 있다는 확신으로 연결된다.

진정한 자신의 본연다움을 추구하는 인간은 타인의 정체성에도 불을 밝히는 법이기 때문이다.

11. 개체성에 얽매이는 인간

인간은 누구나 영혼에 새겨진 고유한 운명 가능성을 보유한 채 태어난다. 이 영혼의 지도는 인간의 성질에 내재한 합목적성을 능동적으로 추구하는데, 이는 인간의 개체성을 가장 이로운 방식으로써 실현하는 것이다. 개체성이란 고유한 운명 가능성과 동위에 존재하는 개념으로서, 인간은 누구나 이것들로 인하여 부여받은 특질에 종속되어 삶을 영위한다.

즉 개체성에 얽매이는 인간은 독립적이면서도
종의 특질에 예속된 채 관계성의 측면에서 독립적이지 않은
유기적인 개체로서 영속하는것이다.

유전적인 기질이 빚어낸 잠재적이고도 자체적인 속성으로 인하여 인간은 개체성에 얽매여 있으며, 그로 인해 결코 극복하거나 저버릴 수 없는 자신의 내적 의지와 마주하게 된다. 하지만 스스로에게 종속되어 온 경계를 벗어나고 이를 초월하는 경지에 이른 인간은, 개체성의 감옥에서 벗어나 진정한 자유를 경험하는 자이다.

우리는 개체성이 지닌 진정한 유의미함을 희구하려는 목적을 추구함과 동시에 의식이 가져오는 현상적 실재를 파악하기 위하여, 끊임없이 스스로를 가다듬고 부단히도 깨우치려는 노력을 해야 한다. 개체성에 얽매이도록 인간의 운명은 지음 받았지만, 우리는 종속된 기질에서 벗어나 성장해야 한다. 인간은 무엇을 추구해야 하며 어떤 정신의 경지에 이르기 위하여 노력해야 하는가? 인간은 위와 같은 물음을 통해서 세계를 구성하는 하나의 유기체로서의 역할과 도달해야 할 이상적인 경지에 대하여 반추하는 습관을 지녀야 한다.

12. 존재가 바라보는 세계의 의미

세계는 생기를 지닌 존재가 종의 궁극적인 존재 목적을 실현하도록 돕는 수단의 역할을 하며, 그로 인하여 발생한 현상으로써 그 가치를 평가받고 존속하는 이유가 된다.

세계 속에서 존재는 끝없는 인식의 순환을 거치면서
하나의 목적을 위하여 자신을 내던지는데, 이것이 바로
자기실현을 위한 생의 의지이다.

이것은 광의의 표현으로서 유의한 하위개념으로 제한 지을 수 있는 다분한 요소를 포함한다.

자기실현의 방편으로 세계는 존재가 걸음을 내디딜 수 있는 연속적인 발판이 되어줌과 동시에, 앞으로 나아가기 위하여 감내해야 할 고통과 좌절을 맛보게도 한다. 또한 한낱 미물이라도 존재하는 것 모두에게는 존재 목적과 자기에게 짐 지워진 생의 의무가 실재한다. 존재에게 다가오는 세계의 형상은 항상 일치하는 모습으로 느껴지지 않는다. 실제로도 끝없이 물질과 사념으로 인해서 연속적으로 관철되는 순환 속에서 존재는 예민하게 지각하지는 못하지만, 생이 펼쳐내는 매일 다른 삶을 살고 있다. 이로 인해 존재는 세계의 이면을 항상 염두에 두어야 하는 개체이다. 존재가 어떤 방식으로든 어떠한 관념으로든 세계를 단정해서도 포기해서도 안 되는 이유가 여기에 있다. 어떠한 옷을 입은 세계가 언제 존재에게 다가올 준비를 하고 있는지 다만 지금은 알 수 없기에, 의식하는 존재는 마음을 부둥켜안고 순간을 긍정하며 현재와는 다른 세계의 민낯을 만날 준비를 하며 살아야 한다.

13. 인간은 정당한 이념을 지닐 때
가장 인간다워진다.

인간은 무엇으로써 가장 인간다워지는가? 첫 번째는 사유이고, 두 번째는 이를 연유로 하여 발생한 생에 대한 각별한 이념이다. 이념을 가진 인간만이 생에서 의미를 지닐 수 있다. 인간이 정당한 이념을 수단으로 하여 삶을 영위할 때 생이 인간에게 의미를 부여하고 그로 인하여 현재를 거쳐 미래를 마련해 내기 때문이다. 인간만이 삶에 의미를 부여하는 것이 아니라 그와 동시에 하늘도 인간의 격과 급에 걸맞은 삶의 방향성을 구축하는 것이다.

각별한 순간을 거치어 구축된 자신만의 이념 하나 없이 삶에서 투쟁하듯이 존립하는 인간은, 누구의 눈에 띄지도 않고 발견도 할 수 없는 무변광야에서 빨간 깃발을 사정없이 흔들어 대는 것과 마찬가지인 삶을 사는 것이다. 무엇을 위하여 그토록 무규정적인 삶을 투쟁하듯 사는 것인가? 그러기에 우리는 무언가를 전제하는 행위와 묻는다는 행위를 거치고 가치의 타당성을 찾아서, 자체적인 삶의 구성을 이루어 이념이 각별하게 발원될 순간을 맞이해야 한다.

정당한 이념은 인간이 두 발로 튼튼하게 땅을 밟고
버티도록 도우며 건강한 인간상을 형성하는 데 일조한다.

이를 통해서 비틀거리지 않고 앞으로 나아가는 힘을 스스로 구축하는 것이다. 또한 나아가 비슷한 신념적 체계를 고수한 이들과 협력을 통하여, 홀로는 건조하다고 느끼는 다양한 세계의 단면에 생기를 부여할 수 있다. 우리는 자신이 가진 이념이 얼마나 고수할 만한 가치가 있는 것인지 살아남아 삶을 통해서 증명해 내야 한다.

14. 인간은 자발적인 도구적 존재이다.

인간은 누구나 자발적인 도구적 존재로써의 태도를 지니며 상황과 필요로 인해서 때로는 자신을 변모하며 타인과 교섭한다.

즉, 자신이 원하는 상황을 일으키고 목표를 현실화하기 위하여
자신의 잠재성을 도구로써 활용한다.

이것은 자신의 원하는 바를 위하여 단순히 자신을 수단화함으로써 자신을 존재하게 하는 이념과 가치를 묵살한다는 의미가 아니라, 자기다움을 추구하기 위하여 더욱 능동적으로 자신의 일부를 기꺼이 상납하는 것이다. 하나의 페르소나로서 일컬어지는 철학자들은 자신의 직관과 지혜를 도구로 사용하여 진리를 획득하는 데에 힘쓰며, 예술가들은 자신의 미적 감각을 활용하여 치유하고 영감을 던져주는 하나의 작품을 완성한다.

사회화와 교제는 인간의 도구적 존재로써의 면모가 한층 더 능동적으로 발휘될 기회가 된다. 사회화와 교제를 위해서 인간은 기꺼이 하나의 가면을 써서 자신을 알리거나, 자신의 진정한 모습을 은폐하기도 한다. 이 순간만큼은 자신의 본능을 억압하고 안전한 사회적 테두리 안에서 당당하게 존립하기 위하여 자신을 재조립하는 행위를 꺼리지 않는다.

우리는 더욱 복잡해진 환경 속에서 자신과 사회와의 교섭에서 과거보다 더욱 다양한 매개체로써의 역할을 수행할 의무를 지닌다. 그 가운데서 자신이 가진 도구적 존재로써의 역할에 대한 이해와 학습은 필수적으로 요구된다.

15. 인간은 앎에 대한 강렬한 열망을 지닌 존재이다.

인간은 삶에서 조우하게 되는 어떤 요소에 대한 건강한 몰두 없이는 삶을 가꾸어갈 수 없다. 그렇다면 무엇이 인간을 감화시키고 기꺼이 그것을 향해 열망하도록 이끄는가? 인간은 앎에 대한 끝없는 욕구를 지닌 존재이다. 말하자면 인간은 끝없는 물음표를 지녔다. 간단하게는 오늘 자신에게 일어난 오묘한 일 그리고 지금 주어진 행복과 시련이 어떤 의미이며, 앞으로 어떤 일들이 일어나게 될지 궁금해 한다. 무엇보다도 이 모든 것과 연관된 자아가 진정 원하는 것은 무엇인지, 스스로는 어떤 경지를 추구해야 할지 죽을 때까지 의심하고 물음을 가진다.

우리는 원하는 앎에 대한 제한된 영역 안에 존재한다. 과거의 인간을 연구하고 현재의 모습을 마주할 수는 있지만, 미래에 어딘가를 걷고 있을지는 정확하게 알 수 없다. 많은 사람이 미래를 알기 위하여 오컬트적인 요소에 희망을 걸기도 한다. 인간은 미래를 아는 것이 허락되지 않았음에도 불구하고 허락되지 않은 영역에서 신격神格을 욕망하고 신성神聖에 가 닿으려는 본능에서 벗어날 수 없도록 지음 받은 가여운 종족인 것이다.

> 그 정도가 아무리 하찮을지라도 앎에 대하여
> 인간이 품는 욕구는 인간을 발전시키는 가장 영향력 있는
> 기저의 원리로 작용해왔다.

당신이 알고 있는 것은 무엇이고 모르는 것은 무엇인가? 우리는 삶을 경영해 나가기 위하여 다양한 의문을 품고 질문을 하는 시간을 경건하게 그리고 주기적으로 가지며 점검해 나갈 필요가 있다.

16. 인간은 희망을 바라볼 때 의욕을 느낀다.

인간이 만들어낸 현상으로서의 현실은 잠재된 내면적 에너지가 하나의 실체로서 외부로 형상화된 것이다. 인간의 오성五性이 만들어낸 많은 내면적 에너지 가운데에서도 의욕은 희망을 바라볼 때 생기는 관념의 실체이다. 희망이 내포하는 긍정의 의미가 인간의 행동을 유발하는 수단으로 작용한다. 이렇듯 미래에 대한 긍정의 관망을 통하여 입자적 관념이 현실을 일으키는 행위로 영향력을 발휘하는 것이다. 희망을 통하여 촉발된 의욕을 가진 인간은, 스스로 건설적인 삶을 구축할 수 있는 용기를 얻는다.

> 희망을 품기 전에는 내면에서 아무것도 볼 수 없었고,
> 존재한다고 느껴지지 않았던 인간은
> 그제야 자신 안에 목적으로 인하여
> 싹튼 내재한 에너지가 있다는 것을 확인한다.

그리고 그것이 하나의 가치로운 상像으로 변화되어 현실을 일궈낼 것을 확신한다. 내면에 일렁이는 희망을 품지 못한 사람은 살아도 죽은 자이다. 우리는 자신이 올바르고 정당하게 품어야 하는 희망의 정도를 스스로 가늠하고 측량하여 건강한 삶을 위한 도구로 활용해야 한다. 빛을 찾아내어 과거를 되돌아보고 반성하며, 좌절하지 않고 현재의 순간과 미래의 지향하는 지점을 연결하고야 마는 건전한 의식이 희망을 통하여 발현되어야 한다. 삶 가운데서도 어렵지만 우리는 희망을 놓지 않는 연습을 능동적으로 해야 한다. 매일 아무런 포부와 의식 없이 살아가는 사람과 희망으로 보폭을 채우며 걸어가는 사람은 오늘 삶의 시작 지점이 다르다.

17. 인간에게는 능동적으로 삶의 의미를 부여하고 이에 대처하는 자세가 필요하다.

인간의 생애란 삶에서 조우하는 삼라만상의 얼굴에 이름을 붙이고 의미를 부여하는 전 과정의 결정체다. 인간에게는 스스로 삶의 풍경을 그리고 명명하도록 하는 자유가 주어진다. 그러기에 주체적인 삶을 위해서는 누군가에게 휩쓸리거나 강요당하는 게 아니라, 자신이 직접 마주하는 대상이 지닌 의미를 지정하고 자신의 세계에서 어떤 역할을 할지를 스스로 결정해야 한다.

그 어떤 것도 독립적으로 결정해 본 경험이 없는 자,
자신을 둘러싼 다양한 현상과 삶 그 자체에 의미를 부여하지
않는 사람은 스스로가 만든 비극의 참상으로
걸어 들어가는 것이다.

아무것도 만들어내지 않은 자는 오로지 비극만을 만들어내게 되는 셈이다. 자신에게 주어진 능동적인 삶을 살 기회를 스스로가 놓쳐 버리는 것이기 때문이다.

만물에 의미를 부여하고 명명하는 일을 통해서 우리는 내면의 다양한 자아와 마주한다. 또한 삶의 궤적을 돌아보고 나와 타인을 동시에 더 잘 이해할 수 있는 근간을 이루게 된다. 더불어 자신에게 잠재된 능력을 발견할 수 있는 길이 되기도 한다. 책은 그런 의미에서 타인이 찾아낸 삶의 궤적을 살펴보고 감성과 이성을 통하여 공감을 이끌어낼 수 있는 만고불변의 진리를 내포한 수단이다. 그리고 인간에게는 자신의 삶을 스스로 다채롭게 만들 자격과 자유가 주어진다. 우리는 이 영적인 활동을 기꺼이 추구해야 한다.

18. 인간의 조건 : 사상의 전환과 혁신을 두려워하지 않는 삶을 살아야 한다.

인간은 자신이 구축한 세계를 뒷받침할 사상을 품고 살아간다. 인간에게 사상이 의미하는 바는 직관으로 이루어진 세계와 일치한다. 세계 안에서 자신을 지지해 줄 사상 없이 살아가는 자는 길 잃은 배 한 척이 망망대해를 목적 없이 항해하는 것과 같다.

나아가 살펴보면 인간을 가장 좌절시키고 두렵게 만드는 것은 믿었던 사상이 전복되는 순간이다. 자신의 세계를 이룩해 온 사상이 파멸된 인간은 과연 어디서부터 어떻게 다시 기반의 벽돌을 쌓아가야 할지 막막한 어린아이가 되어버린다. 인간은 생애 동안 하나의 완성된 사상을 이룩하기 위하여, 수천 번의 흔들림과 무너짐 그리고 반복된 구축의 경험을 수고로 삼아야 한다. 인간이 삶을 영위하며 죽기까지의 기간 동안 완벽한 사상이란 존재하지 않는다.

사상이란 언제나 발견과 구축 당시에는 가장 견고한 듯이
보여서 영혼은 격정에 사로잡혀 확신이 바탕이 된 선택의 결과라
여길지라도, 다양한 사상과의 조우 속에서
그 기반이 충돌하는 일은 피해갈 수 없다.

그것들은 삶을 구성하는 화음들의 대립과 마찰을 통해서 또 다른 완성의 단계에 도달하여, 누군가의 정신에 영양분이 되어주고 삶을 버티게 하는 지지대로 변모하는 것이다. 그렇기에 인간은 건전한 사상을 지향하여야 한다. 건전한 사상을 가진 자만이 미래를 꿈꿀 수 있으며 우리는 사상의 전환과 혁신의 과정을 두려워해서는 안 된다. 혼돈의 시간 그리고 부서짐과 깨어짐의 경험 없이는 온전한 사상을 지닐 수 없기 때문이다.

19. 인간은 영혼에 각인된 신적인 이지
理智를 활용하여 신성神星에
가 닿을 수 있다.

인간을 통하여 관조할 수 있는 내면의 가장 경이로운 장면은, 신의 섭리가 그의 영혼에 광대무변한 이지理智를 새겨놓아 신성神星의 영역에 도달하는 현상으로 발견된다. 인간은 감각 기관을 통하여 외부로부터 발생하는 자극 기제를 흡수하고, 이로 인하여 생성된 관념으로 인하여 영혼은 사고하게 된다. 신은 선택하신 자에게 영지英智와 내성內省을 선물하셨다. 그로 인하여 인간은 겸허한 마음으로 스스로 부단히도 깨우치려고 노력한다면, 높은 경지의 사고 수준에 도달하도록 돕는 이지理智를 기르게 되며, 그 과정에서 신의 무한한 자비와 섭리를 헤아려 보게 된다.

인간이 삶에서 경험하는 한계들은 무수하다. 그로 인하여 신이 될 수 없는 미약한 존재가 느끼는 좌절을 경험한다. 하지만 인간은 영혼에 새겨진 이지理智의 발견을 통하여, 자신 안에서 능동적으로 삶을 창조하는 신적인 경지에 도달하게 된다.

인간에게 허락된 신성神星의 영역이란 창조이다.

신은 우리의 상상력과 내재한 관념을 통해 발전된 신념으로 현실을 창조할 수 있도록 허락하시는 만큼의 자유를 주셨다. 이지理智를 지닌 인간은 이를 깨닫고 느낄 수 있는 존재이다. 그렇기에 지극히 미미한 정신의 조각으로도 현존을 창조해 낼 수 있다는 것을 자각한 인간은, 이지理智만큼이나 광대무변한 우주 속에서 정도正道를 걸으며 달란트로 부여받은 창조의 삶을 최대한으로 누릴 수 있으려면, 어떠한 삶의 자세를 갖추고 그것을 관철하기 위해 노력해야 하는지 끝없이 궁리하는 존재이다. 인간 내면에 이성이 실재하는 영역은 광활하기만 하다.

20. 자신이 지닌 에너지를 건강하게
    발현시킬 수 있는 인간만이 정신의
    지평 위에 살아있게 된다.

인간은 방향성을 내포한 에너지를 지닌 존재이다.

그 에너지가 분산되면 관심이 되고 한 곳에 집중되면
열정이 되는데, 동물과 비교하여 인간만이 정신이 지닌
에너지를 유연하게 조절 가능하며 에너지의 형상을
열정으로 건강하게 발현해야만
존재가 정신의 지평 위에 살아있게 된다.

에너지의 활용은 정신 건강과 밀접한 관련이 있다. 자기 안에서 효용을 이루지 못한 채 남아도는 에너지는 내면의 찌꺼기가 되어 정신의 순환이 원활하게 이루어지는 것을 방해한다. 에너지의 순환을 위해서는 사색과 성찰의 시간을 가진 가운데 얻어진 산물을 통하여 내면을 채우거나, 그것을 창작 행위나 건설적인 외부 활동으로 연결하는 일이 요구된다.

에너지 활용의 정점은 정신의 순환이며 동시에 인간이 스스로 몰아沒我의 경지에 이르는 순간이다. 내면의 어둠과 삶에 대한 집착 그리고 내일의 근심을 망각해 버리는 몰아沒我의 경지에 이르렀을 때 인간이 가장 행복을 느낀다는 것은 부정할 수 없는 진리이다.

인간의 본성은 본능적으로 근면을 추구한다. 이는 자아가 게으르거나 나태해지는 상황에 지속해서 놓이게 된다면, 그 내면은 어둠으로 가득한 심연의 늪에서 헤어나올 수 없는 지경에 이르게 되는 것이다. 우리가 소유한 정신의 실체와 가까워지고, 스스로의 경이로운 순간을 역사하기 위해서는 이렇듯 열정에 관한 사변을 고찰할 필요가 있다.

21. 세계 속에서 빛나는 것은 존재의
충실함이다.

인간이 가진 의식의 빛은 끊임없는 사유를 통하여 밝혀진다. 또한 이 사유는 인간이 명료한 정신과 특유의 기지를 실현하도록 돕는다. 존재란 사유의 반복을 통해 하나의 완성에 도달하는데, 그 과정에서 반복은 인간에게 숙명이다. 우리의 정신 속 사유는 매일 새로움을 추구하지만, 행위의 측면에서는 언제나 그 자리에서의 반복을 맞이한다. 처음에는 조야한 지성의 전개가 있을지라도 반복을 통해서 우리는 끊임없이 성장한 의식과 사고 체계에 도달할 수 있다. 이렇듯 사유를 추구하는 행위를 통한 반복은 인간 존재의 충실함과 직결된다.

한 걸음 더 나아가 인간 존재가 세계 속에서 충실하다는 말의 의미는 무엇일까? 이를 위해서는 사유에서 발전되어진 이성의 영역에서 논하는 일을 벗어날 수 없다.

즉, 올바른 관념체로서의 이성적 정신이 추구하는 바를
스스로 인식하고 이를 개발해 나가는 것이 그 본질이다.

유익한 정신은 항상 인간 의식의 중심에 자리해야 한다. 인간이 정신의 발전을 지속적이고도 마땅히 추구해야 할 의무로 이해하고 행동한다면, 이는 정신으로의 이행에 충실하게 되는 것이다. 세계 속에서 빛나는 것은 존재의 충실함이다. 이를 현실화하는 과정에서 존재가 세계 속에서 충실하려는 방편으로, 인간에게는 도태되지 않으려는 본능과 완성을 추구하려는 경향이 있다. 우리는 존재가 세계에서 충실해지기 위해서는 인간의 사유와 정신이 올바른 이성의 작용으로 이행해야 함을 알아보았다. 그 과정상에서 새로운 이념이 생성되는 일은 부수적이면서도 불가결한 현상이다.

22. 길 위의 인간은 약속된 땅을
　　걸으며 자유와 영감을 얻는다.

인생은 신에 의해 성립된 약속의 땅에서 실현되며, 그 위의 길은 자유와 영감을 주는 요소이다. 인간은 하나의 길을 걸으며 무량無量의 영감을 얻는다. 또한 진정한 자유를 누리는 자는 고통과 희망이 교차하는 길 위에서 의미와 무의미 사이를 오가며 삶의 무게에 압도되지 않으면서도 자유로워지는 법을 연습하고 터득한다.

길 위에서 인간은 움직이고 있는 존재의 의미를 되새기게 된다. 어떠한 목적을 가졌느냐에 관계없이 인간은 필연적으로 길 위를 걷는 과정에서의 흔들림을 경험한다. 하지만 그 흔들림이 항상 부정적인 것만은 아니다. 인간은 흔들리는 과정을 겪는 와중에야 자신이 생생하게 살아 있다는 사실을 느끼고, 그 길 위를 지나서 목적지에 다다르기를 얼마나 염원했는지를 체득하게 되기 때문이다.

우리가 어떠한 길을 걷기로 하든지 간에 그곳에는 기적 같은 이정표가 존재한다. 그것 중 일부는 이미 그 길을 걸어간 자들이 세워 놓았을 수도 있지만, 각자가 향유하는 모든 인생길은 고유하고 특별하기에 언제나 새로운 지침으로 다가온다.

길 위의 인간은 약속된 땅을 걸으며 자유와 영감을 얻는다. 이로 인하여 길을 걸어가는 과정상에서 경험하는 정신의 가치와 정념 그리고 오로지 자신만을 위하여 새겨진 이정표를 발견하며, 자신이 신의 배려가 닿는 개체 특유의 존귀함을 지닌 존재라고 확신하게 된다.

모든 길은 우리에게 깨달음이 된다.

그리고 우리에게 모체로서의 우주와 연결되는 행운의 여정이다.

23. 인간이 본디적 존재와의 합일을
경험하는 최고의 순간은 해묵은
의식의 태를 탈피할 때이다.

인간이 의식을 집중하고 하나의 이념과 정신의 경험을 자각하는 순간은 본디적 존재와의 합일을 연상케 한다. 그 과정에서 우리는 전율함을 느끼며, 자신이 경험해 보지 못한 새로운 의식 세계에 닿는다. 그중 최고의 경험은 인간이 의식 안에서 해묵은 태를 탈피하며 전진하는 일이다. 인간이 의식의 흐름을 감지하며 느끼는 것은, 진실로 과거의 때를 벗겨내고 매번 새롭게 태어나야 한다는 것이다. 이는 시간이 흐를수록 내면에서 계속해서 반복되는 자각으로 다가온다.

인간에게는 누구나 후회와 안타까움 그리고 고통과 눈물로 대변되는 지난날의 순간들이 존재한다. 과거의 회한에서 벗어나는 일이 정말 쉽지 않지만, 보이지 않는 정신의 흐름과 그 작용은 인간이 허물을 벗듯 불완전함의 태를 탈피하여, 세계가 열어주는 길을 향해 나아가라고 우리를 북돋운다.

어떠한 의식의 태를 벗어나려는 우리의 정신은 그 질긴 속박의 끈이 얼마나 강한지 뼈저리게 느낀다. 너무나 끊기 어려운 부정적인 의식으로의 회귀에서 벗어나기 위해서는 자신에 대한 엄격함과 동시에 때때로 관용 또한 요구된다. 우리는 누구나 미완성이며, 불완전한 존재이기 때문이다.

이런 우리에게 내면의 본디적 존재가 희망하는 바는
완성이 아니라 의식의 개진開進이다.

이는 묵은 태를 탈피하고, 세계의 도움을 통하여 언제고 다시 의식이 트이고 열리는 것을 경험하기를 원하는 본디적 존재의 유익이다.

24. 세계 속에 자리하고 있는 인간을 이해하다.

세계 속에 자리하고 있는 인간의 모습을 이해한다는 것의 의미는

첫째로, 인간이 자성적 존재임을 각인하는 행위로 설명될 수 있다.

 이로 인하여 인간이 지닌 존엄성이 유의미를 부여받음과 동시에, 정체와 퇴보의 길로 헛디딜 수 있는 발걸음의 착오를 미연에 방지하며, 내면을 향해 던지는 끝없는 물음을 통하여 세계가 지닌 전제前提적 구조 속에서 하나의 질서로서의 그물을 형성할 수 있다. 인간은 본디 반성하고 성찰하는 태도로써의 근본이 반영된 존재이며, 위의 과정을 통하여 정신이 자기를 의식하는 여정을 거친다. 이는 필연적으로 진정한 인간다움에 대한 답을 추구해야 하는 존재로서의 과제와 기꺼이 일치하며, 손꼽히는 많은 가치 중에서도 마땅히 우선순위로 두어야 할 인식과 태도가 결합한 영역이다.

둘째로, 인간이 우주의 거울로서 신성한 사유의 힘을
지님을 인정하는 것이다.

 인간만이 세계 속에서의 사유의 반열에 오르며, 그 계열을 형성하고 담론한다. 사유란 개체에 생명력과 숨결을 불어넣어 정신의 자유와 자립을 불러일으킨다. 깊은 사유의 근간에는 신과의 일체화가 존재한다. 이를 통하여 인간은 삶 가운데 많은 부분을 역능力能하는 존재로서 스스로를 노정露呈케 하는 세계의 모습을 자유롭게 창조할 수 있다고 확신한다. 우리는 세상 가운데에서 신이 창조하신 공의公義를 실현하기 위해서 인간과 세계가 지닌 어떠한 모습에 주목해야 할지 곱씹어 봐야 한다.

25. 본질을 통찰하는 것이
    인간의 의무이다.

세계 안에 존재한 인간이 가장 집중해야 할 현존적 성질은 본질이다. 이는 만물의 고유성이자 현상의 실재이다. 대상을 존재할 수 있게 하는 근간이자 동인으로써 작용하는 포착된 유일무이한 기저 의식이며, 그 이면에 내포된 실체를 의미한다. 또한 존재의 타당함을 확인할 수 있는 가장 흔하게 만연되어, 우리의 의식 가까이에 있음에도 불구하고 파악하기 쉽지 않은 존재 양태이기도 하다.

모든 만물은 생生에서 본질을 추구하며 그것을 외부로 시현하기 위해 존재한다. 만물의 존재 이유가 본질의 발현에 있는 것이다.

본질은 얼어있는 눈꽃의 형상을 싹 틔운 하나의 씨앗이다.

본질을 추구하기 위하여 얼음을 녹여 싹을 틔우기 위한 하나의 시도로써 우리는 수많은 시행착오를 거쳐야 한다. 본질이 작용하는 바는 현상으로서의 세계를 움직이는 원리이다. 본질은 수많은 현상의 형식으로 자신을 드러내며 만물에 본능으로 작용한다. 그러므로 우리에게는 본질을 파악하기 위하여, 무수한 현상 중 하나를 격을 갖춘 진리로써 포착하는 태도가 요구된다. 인간은 본질이 현상으로써 소수消受하는 순간에 본질과 가장 가까워질 수 있으므로 그때 충실해야 한다. 무릇, 본질을 통찰하는 것은 인간만의 영속적인 의무이다. 이를 경건하게 추구하는 행위야말로 인간 존재의 정당함을 암묵적으로 증명한다. 그 가운데 사물을 바라보는 혜안을 기르고 훈련하는 것은 본질에 더욱 가까워질 수 있는 지름길이다.

제2부
세계와 현상

26. 현재란 무엇인가?

우리는 현재를 인간이 지닌 고유 의식들의 다양한
변양태와 방향성을 가진 운의 흐름 간의 공존,
그것들의 조화 속에서도 개별적인 분리 운행을 근간으로 하는
혼재의 원리로 이해하여야 한다.

  인간 의식과 운의 공존, 이것들은 인간의 내면과 외부적 현상의 측면에서 관찰되는데, 이로 인해 현재는 그 자체로 다양한 가능성을 내포하고 있다. 수만 가지의 의식의 흐름 중 한 줄기를 우리가 취하여 극단에 이르게 한다면 이는 관념의 상像이 되고, 이 무형의 요소는 현실에서 형상화된다.

  인간의 영혼에는 내재한 기억을 향한 본능이 각인되어 있는데, 이는 어느 특정 시점이 되면 그 요소가 지닌 잠재성이 다가오는 운을 맞이하여 외부의 상像과 결부되어 현실에서 발현된다. 우리의 매일이란 그것들이 반복적으로 발아된 결과이다.

  인간은 본능적으로 현재의 시점을 기준으로 삼아 존재하는 모든 것들을 순수한 현재성으로 지각한다. 그 진위와는 관계없이 시간의 흐름 또한 현재 속에서만 파악할 수 있는 현상이며, 이를 통해 우리가 지각하는 현재란 단 한 번만 존재하는 신기루와 같이 느껴진다. 가늠할 수 없는 미래로부터 다가와 과거로 잠식되어 가는 현재를 바라보며, 자신이 우주의 한낱 미약한 존재임을 인지한 인간은 망연자실한다. 현재는 인간에게 닿을 수는 있으나 지속할 수 없기에 가장 멀면서 가까운 현존의 양태이다. 하지만 우리는 현재가 과거와 미래를 연결 짓는 실재적 통로임을 인지하며, 현재에 맹목적으로 충성할 것이 아니라 충실하여, 약동하는 현재가 내주는 곁을 지켜내야 한다.

27. 인간에게 세계란 무엇인가?

세계는 자아의 반영이자 그것이 역동하는 실체이다. 성장함에 따라 우리는 세계 속에서 안주하는 법과 세계를 마주하는 방식을 터득하게 된다. 자아는 세계 속에서 끊임없이 세상을 바라보는 자신만의 통찰을 마련하고 점유할 영역을 확장해 나가는데, 이는 자아가 세계 속에서 학습과 훈련을 해나가야 하는 존재이기 때문이다. 아무것도 습득하지 않으려는 자는 세계에서 주사做事할 수 없이 도태되고 만다. 그렇기에 세계 안에서 자아는 언제나 골몰하는 존재이다. 이 행위를 통해서 자아는 세계 안에서 비로소 성숙해지며, 안락을 누린다. 건강한 인간은 이를 통해서 세계 속에서 정신이 지고의 경지에 이르는 만족감을 경험하기도 한다. 곱씹자면 세계는 자아의 반영이기에, 세계를 향한 자아의 태도가 존재의 현재와 미래를 결정하는 요소가 된다.

인간은 세계가 가진 힘에 휘둘릴 것이 아니라,
자신의 미래가 결부될 세계의 형상이 창조되는 과정을 주도해야 한다.

나약한 자들은 순식간에 세계가 가진 힘으로 인하여 피해자로 전락해 버리고 만다. 세계는 우리가 주체적으로 자립할 때 편안한 은신처를 제공하기도 하지만, 그와 타협하지 못하고 힘에 휘둘리게 된다면 온전히 누릴 수 있는 사소한 자유도 잃어 결박 당하고 만다. 인간은 세계 속에서 계속 전진하며 끊임없이 길을 찾는 존재이다. 어떤 이는, 아니 생각보다 많은 인간은 세계가 자신에게 우호적이지 않다고 한탄하고 좌절한다. 하지만 세계 안에서 존재하는 우리에게는 다른 선택이 있을 수 없다. 그 안에서 존재하기로 마음먹었다면 현재를 구현해 내는 법칙은 스스로 창조해야 한다.

28. 인간이 하나의 세계관을 견지하다.

> 인간이 하나의 세계관을 견지한다는 것은 자신을 둘러싼 삶과
> 현상을 영위하는데 요구되는 이념적인 기반을
> 자발적으로 채택하는 행위이다.

　즉, 이는 자아의 인식 체계를 확립하고 판단하는 데 있어서 내재한 자의식을 통하여 검열을 수행한다는 의미이다. 또한 세계성을 이해하고자 하는 의지를 기본으로 두고, 하나의 큰 틀 속에서 실체를 대하는 기준과 방향성을 보유하여 개체 의식과 마주하는 일이다. 여기에는 환경과 세계를 주체적으로 인지하는 존재로서 자아를 인식하는 일이 포함된다. 자기 고유의 의식 세계가 추구하는 하나의 가치가, 세계를 바라보는 태도로써 발견되기에 내면에 존재하는 정신과 합치되는 것이며, 동시에 이는 자아에 대한 의식 구조를 구축하는 일과 직결된다. 또한 세계와의 친화적 병존을 추구함으로써, 그 안에서 원활한 교류를 통하여 나의 것으로 수용할 수 있는 삶의 체계적인 존재 양식을 갖추는 일이다.

　세계관을 지니는 인간은 부모가 자녀를 보살피듯, 자신의 의식 체계를 보살펴 줄 관념상의 모체를 얻어 세계 내에서 미아가 되는 일에서 탈피할 수 있다. 이로써 인간은 흔들리지 않고 탄탄하게 두 발을 내디디며, 기꺼이 세계 내 존재로서의 동의를 얻을 수 있는 것이다. 이렇듯 세계관을 통해서 우리는 특정 관념의 영역에 소속되는 유익을 구할 수 있다. 그 자체로 유일무이하지만, 세계와의 건설적인 유기성을 지닌 하나의 개체로 존재하기 위하여 우리의 자아는 건전한 자의식을 활용하고, 자신의 존재 양식에 합당한 세계관을 지님으로써 성장을 이루어야 한다.

29. 동기감응

동기감응은 관련 대상 간의 강렬한 의식적 결합이 바탕이 되어 실현되는 행위로써, 일종의 동시성의 원리로 이해될 수 있다. 이는 서로의 연결성에 대한 암묵적인 용인이며, 그로 인한 현상의 동시적 발현이다. 그것이 초래하는 연결성으로 인하여, 인간은 타인과의 상호 작용 없이 홀로 존재할 수는 없음을 우리에게 각인시킨다. 이것은 나만의 세계가 아닌 우리의 세계를 강조한다. 삼라만상은 능동적으로 서로 간의 접점을 유지하며 유기적으로 삶에서 순환해 나가기 때문이다.

동기감응은 인간이 그 자체로 전능하며, 내면에 창조주와 같은 잠재적인 힘을 지닌 존재임을 재확인할 수 있는 현상이다. 눈으로 확인되지 않지만, 동기감응을 통해서 인간과 우주의 기氣는 끝없이 순환하고 같은 부류의 기운끼리는 서로 어울리려 하며, 서로에게 영향을 주는 이 같은 현상은 인간의 판단으로는 비상한 과정상의 전말임에 틀림없다. 나아가 동기감응이 주는 효용은 인류의 공동체적인 역할 그리고 의식의 각인과 수행을 통한 역사성의 실현에서 찾아볼 수 있다.

서로의 의식과 삶의 현상에 대한 공유는 존재가
하나의 인정받는 역사성을 형성하며 동시에 특정한 내적 구성과
경향성을 이루는 것을 돕는다.

여기에서 논의되는 역사성이란 존재의 본질과 공동의 의무와 경향으로서의 역사이다. 인간이 단지 우주의 먼지가 아닌 타인과의 교류 그리고 교감을 통하여 위대한 역사성의 시초를 이루어내는 현상인 동기감응의 위대함을 우리는 더욱 깊이 곱씹을 필요가 있다.

30. 장애물을 만났을 때 인간은 삶의
　　 단면을 더욱 확대해서 의식한다.

인간이 삶의 질서를 정립하고 체계화 하는 과정은 흡사 전쟁과도 같은데, 장애물을 만났을 때 인간은 삶을 더욱 확대해서 의식하는 경향이 있다. 이때 마주하게 되는 장애물을 처음에 우리는 하나의 속박으로 느낀다. 일정한 속도로 자신의 길을 영위하던 에너지는 방향성을 잃고 먼저는 제로의 상태가 된다.

　　그러다 이 확장된 속박은 자각하지 못하는 찰나에 하나의
　　각성으로 이어지는데, 이로 인하여 내재한 인식 체계와 의지가
　　　　억압받고 불균형적으로 깨어져 도전을 받는다.

　즉, 일정하게 흐르고 있었던 의식이 충돌을 경험하면서 주체는 자신이 처한 환경을 다시 한번 조명해보며, 장애물이 시사하는 의미를 곱씹다 일순간 비약에 도달하게 된다. 비약을 통해서 주체는 장애물을 만나기 전에 지녔던 삶의 의지와 신념을 점검하는 기회를 얻은 후, 한 단계 진보하는 경지에 도달하게 된다.

　이 같은 일련의 활동이 주는 순기능은 검열 없이 잠들어 있던 의식들이 그 타당함에 대한 평가의 계기를 얻는 것이다. 장애가 발생하는 이유를 인간이 알 수는 없지만, 장애 그 자체와 그것의 경험이 내포하고 있는 의미가 자신에게 어떻게 작용하며 그 배경과 본질은 무엇인지 깨닫는 기회를 얻기도 한다. 이로 인해 장애물이 항상 부정적인 역할을 하는 것은 아니며, 인식 전환의 계기로 작용한다는 사실을 알 수 있다. 인생에서 만나는 수많은 장애물로 인해서 주저앉아 떨고만 있을 것인가? 전율할 것인가? 우리는 그것을 결정해야 한다.

제 2 부 / 세계와 현상

31. 서로의 세계가 맞닿는 경험을 통하여 인간은 내면의 욕구를 건강하게 분휘奮揮할 수 있다.

존재가 지닌 고독함의 발로는 같은 시간을 공존하는 이들에게 서로의 세계가 맞닿는 운명이 가지고 있는 현상적 전모를 맞이하게 만든다.

인간은 성실하게 자신만의 세계를 구축하며 이것을 공유할 누군가를 간절하게 염원하는 존재이다.

서로의 세계를 공유할 대상을 찾지 못한 이들은 무엇보다도 정신의 영역에서 소통하지 못하고 이해받지 못한다는 이유로 인한 개체가 지닌 불가해한 하찮음에 직면하게 된다. 서로의 세계가 맞닿는다는 것은, 세계 속에서 하나의 답을 찾아가는 존재가 운명으로 인하여 부여받은 과제를 해결하기 위한 과정에서 서로의 동반자가 되어 주는 행위에 수반되는 결과이다. 우리는 타인의 세계를 탐닉하는 행위를 통하여, 의도하지 않은 사이에 자신과 세계에 대해 통찰을 하게 되고, 이로 인해 자신의 참모습을 마주하게 된다. 또한 인생의 동반자가 되어 주는 이들로 인하여 우리는 의미 없는 사소한 것들을 위안으로 삼지 않고, 더 나은 존재가 되려는 의지를 다진다.

한 사람과 맞닿음으로 인해서 우리는 존재가 지닌 본디적 고독함을 이해하며, 타인의 세계에 관심을 가진다. 우리는 인간의 내면에 혼자서는 완전한 완성을 이루지 못하는 어린아이가 존재함을 깨닫는다. 또한 배려를 통하여 서로의 기억을 일깨우며, 각자가 지닌 내면적 인식의 경험이 통하는 결과가 야기된다. 세계를 공유한다는 것은 내면의 욕구를 가장 건강하게 분휘할 수 있는 행위이다. 또한 우리가 추구해야 할 일의적 의미란, 내게서 흐르던 시간이 상대에게도 함께 흐른다는 사실로 인하여 우리는 공존재共存在임을 다시 각인하는 것이다.

32. 우리는 언제나 세계의 곁에 있다.

이는 세계의 베일을 열어 그 얼굴을 인식하고 이해할 수 있으며, 동시에 영역의 구성적 측면에서 그것과 동위를 차지한다는 말로 해석될 수 있다. 여기에서 현존재는 세계와의 상호 관계를 염두에 두고 이해되어야 한다. 이는 세계를 향한 관심을 통하여 교섭을 추구하고, 종래에는 미아가 아닌 답을 찾아 세계의 일부로 귀래歸來하는 자이다.

세계가 개시하는 영향력 아래 놓여 있는 우리는 사색을 통해서 삶의 근본이 되는 진정한 가치들에 닿을 수 있다. 이를 통하여 우리는 하나의 지평을 향한 자기 해석 및 자기 이해에 도달하게 된다.

존재는 세계 속에서 불안을 잠재하고 있지만,
깊은 숙고를 통하여 세계가 우리를 향하여 열려 있다는 것을
깨닫는다면 도외시할 수 없는
근원적인 세계의 참상을 마주할 수 있다.

세계가 우리를 향하여 언제나 열려 있다는 진리는 세계의 일상성을 표명한다. 또한 호기심과 공포는 세계 내 존재인 우리의 일상성이기도 하다. 자신에게 도래하는 세계를 향한 호기심과 공포를 지닌 우리는, 이를 그 자체로 곱씹고 해의解義해 볼 의무를 지닌다. 우리는 세계의 모습을 환원하는 노력을 통하여 호기심을 가지면서도, 동시에 아직 다 가오지 않은 것이 미래와 직결될 때 자신이 처할 심중을 헤아릴 수 없기에 공포를 경험한다. 세계의 존재 방식을 이해하는 자는 이것이 우리에게 배려적 존재로 약동하며 언제나 우리의 곁에 있음을 자연스럽게 수용하게 된다.

33. 인간이 느끼는 권태는 자신의
본위성을 의심하게 만든다.

인간은 자신의 삶에 대한 통제력을 상실한 무력함과 동반할 때 권태감을 느낀다. 스스로의 힘으로 타개할 수 없는 상황에 직면하여 취할 수 있는 선택의 여지가 없을 때, 이는 존재의 영역이 위협받는 현상이며 존재가 삶을 이끌어 가는 힘과 영위하는 의미를 상실하는 일이다. 무소불위의 능력을 갖춘 인간이라도 권태가 주는 늪에 빠지면 사지를 밧줄로 묶어 놓은 채 정신은 같은 자리를 연속해서 맴돌기만 하는 듯한 환영을 마주한다. 매일 반복인 듯한 착각을 일으킬지라도 우리에게 다가오는 단 하루도 같은 날은 존재하지 않는다는 사실을 잊어서는 안 됨에도 불구하고 말이다. 권태는 또한 영혼의 살을 갉아먹으며 자신의 본위성을 의심하게 만든다.

   이는 자아가 사유하는 성질을 망각하게 함으로써, 본질과 진실을 구하기 위한 사물을 바라보는 보는 눈을 왜곡시킨다.

   여기에서 자아는 중심을 잃고 권태가 가져오는 허무주의에 넋을 잃게 되는 것이다. 우리가 권태에 빠질 때는 직면하는 정신의 훈련과 경험이 너무 일률적이거나 단조로워, 이로 인하여 무력함이 야기되지는 않았나 생각해 보아야 한다. 그리고 정신을 자극할 만한 아직 시도되지 않았을 가능성을 추구하여, 생각의 흐름이 운행되는 궤도를 향한 새로운 관념적 요소들을 주입하는 자극이 필요하다. 사유의 망각이 진행됨에도 우리가 잊지 말아야 할 단 하나의 메시지는, 물질세계를 창조하는 첫걸음은 모두 정신의 영역에서 비롯된다는 것이다.

34. 이상을 추구함으로써 인간은 삶에 대한 불가역적인 진정성을 가질 수 있다.

이상을 꿈꾸는 인간은 사유를 통하여 추구할 수 있는 정점을 향하여 주체적인 정신을 일구는 힘을 가지게 된다.

이를 추구하는 인간은 잠들어서도 달콤한 꿈을 꾸게 하는 낙원에서 사는 것처럼 여긴다. 이를 통하여 인간은 이상을 향한 소망으로써의 불씨를 살려 전진하게 된다. 인간이 지닌 이상은 그가 지닌 기대치에 대한 거대한 막연함에서만 벗어날 수 있다면, 현실에 주저앉지 않고 최선을 다하도록 하는 긍정의 효용을 지닌다. 이상을 지닌 인간은 미래의 어느 순간 맞닥뜨리게 될 꿈에서 시선을 떼지 않고 현실에서 전진하기 때문에, 이상을 추구하는 일은 현재와 미래를 동시에 좇는 행위로 귀결된다. 비록 그가 지닌 저울의 무게에서 경중은 다를지라도, 두 개의 다른 시점에서 동시적 존립을 가능케 하는 일은 유한한 존재인 인간에게 가공할 만한 의미로 다가온다.

여기에 두 명의 인간이 있다. 한 명은 마음속에 꿈꿀 수 있는 이상 그 한 조각이 없는 자, 또 다른 이는 자신의 내면이 이상을 향하여 인도를 받는 자. 둘 중 어떤 인간이 더욱 행복한가? 답은 그것이 도그마로 취급되지 않는다는 전제하에 현실이 아무리 힘들어도 부단히 극복할 만한 계기로 작용하는 동력이 있는 이상주의자이다. 이상을 추구한다는 것의 최대의 효용은 삶에 대한 불가역적인 진정성을 가질 수 있다는 것이다. 이상을 향하는 동안 삶을 진중하게 바라보며 스스로가 존재 이해의 방향으로 자신을 인도하기 때문이다.

35. 의지란 무엇이며 우리의 삶에서 어떻게 작용하는가?

의지란 인간의 내면에 존재하는 내적 체계를 가동하는 동력이다. 인류는 인간이 품은 크고 작은 연속적인 의지를 영감으로 하여 공공연하게 발전을 이루어 왔다. 세계란 인간의 의지를 통해 실현되는 거울이며, 세계 속에서 인간은 매 순간 의지를 관철하는 존재이다.

> 의지란 지향하는 바를 향한 열망이자,
> 인간이 추구하는 정신적인 의향점의 경지이다.

인간은 의지를 통하여 이상향에 도달할 수 있으며 절망 가운데서도 인생을 다음 페이지로 전환할 수 있다. 의지가 없거나 결핍된 인간은 인생의 진정한 의미를 추구할 힘을 잃어버린 자이다. 그에 반해 의지로 충만한 자는 언제나 한 줄기 빛을 손안에 담을 수 있는 자이며, 뇌리를 스치는 신선한 바람으로 휘파람을 일으키는 자이다. 의지만 있다면 주저앉았던 인간이라도 언제고 다시 일어서서 자기 영혼의 온전한 모습을 마주할 수 있다.

삶은 나약한 자라도 그에게 강한 신념과 의지를 지닌 인간으로 거듭나서, 자신에게 놓인 인생을 적극적으로 개척해 나가라고 요구한다. 세계사적으로 인류의 운명을 반추해보면 의지란 거창한 것으로 여겨진다. 하지만 그에 못지않게 우리가 주목해야 할 의지의 본질은 평범한 인간이 바로 오늘을 살아나가는 힘이라는 것이다. 누구에게나 신념은 존재하는데, 평범한 인간이 자신의 신념을 의지에 담아 하루를 지속해 나가고 막연한 미래를 뚜렷한 모습으로 형상화할 수 있는 희망을 품도록 독려하는 의지야말로 인간이 그 의미를 되새겨 봐야 하는 대상이다.

36. 욕구란 내면의 갈망이 불러일으킨
점화된 자기 인식이다.

욕구 그 자체는 내면의 갈망이 불러일으킨 점화된 자기 인식이다. 욕구를 통해서 우리는 자신의 민얼굴을 확인할 수 있다.

우리가 무엇을 원하는가는 현 상태를 반영해주는
거울이기도 하며, 욕구란 어떤 경우에는 자신의 결핍을
대변해주며 동시에 이상향을 향한 상징처럼 작용하기도 한다.

욕구를 인정해준다는 것은 자신 안의 다양한 자아와 마주하고, 그것들이 원하는 바를 수용함으로써 외면하지 않는 일이다. 정당한 욕구는 타인의 권리를 침해하지 않으면서, 자신을 잘 보듬어 주는 행위로써 표출되어야 한다. 즉, 인간이 스스로를 사랑하는 방식은 자신의 건강하고 자연스러운 욕구를 경청하며, 가능한 영역 안에서 이치를 따지어 수용하는 것을 통해서 실현되어야 한다.

욕구를 품는 인간은 언제나 미래의 어느 이상적인 순간에 도달해 있는 자신을 향한 기투를 추구하는 경향을 지닌다. 욕구를 통하여 현재의 상태와 의식을 초월하며 의식이 집중되는 목적과 지향하는 방향성이 발생한다.

우리는 절대로 자신의 내면의 목소리를 경시해서는 안 된다. 어떤 인간은 욕구를 품는 일을 마치 죄를 짓는 것으로 연결 지어 혐오하는 경향을 보이기도 한다. 인간에게는 무수한 자유가 주어지며, 정신의 영역은 때로는 단단하면서도 난잡하다. 무엇을 욕망할 것인가? 그것이 당신을 결정하게 될 것이다.

37. 역사성이란 존재 일반이
    존재 경향이 되는 가치 추구의
    흔적이다.

이념이란 인간의 정신이 거주하는 집이다. 인간은 이념을 일구고 사상을 현실화하기 위하여 투쟁하는 존재이다. 이들은 과거로부터 이어진 다양한 시도와 투쟁으로 이념의 정당성과 동시에 존재 자체의 존엄함을 인정받았다.

삶에서 자신만의 고유한 이념을 정립하지 못한 자는 길을 잃고 표류하는 상황에 처한 것과 같다. 이들은 삶이 우리를 향해 던지는 도전의 순간에 지혜롭게 대처할 기준이 없기에, 언제나 도전이 다가오면 위기 상황에 직면한 것과 같은 아찔함을 느낀다. 그 도전이라는 것이 실은 아주 미약한 자극 정도의 수준일지라도 말이다.

> 이념을 추구하는 일련의 과정은 아직 어떠한 특징도
> 지워지지 않은 존재 일반이 하나의 용인 받는 존재 경향으로
> 승화된 것으로 간주할 수 있다.

개인이 지닌 고유한 이념은 그 삶의 특징과 현상으로 인하여 특수성을 띤다. 그러한 특수성이 반복된다면 하나의 경향성으로 이어지며, 역사성이란 특정한 사상적 경향성을 능동적 혹은 수동적으로 부여함으로 인해 야기된 가치 추구의 흔적이다. 즉, 인간은 그러한 이념 추구의 활동으로 인하여 발생한 가치를 가시화할 수도 소멸시킬 수도 있는, 일면에서 바라본다면 유위有爲한 존재이다. 또한 인간은 과거를 되돌아보고 그것에서 얻을 수 있는 가치를 고스란히 체득해 현재에 접목하는 일련의 활동으로 발전시킬 수도 있다. 이렇듯 이념의 구축은 인간의 가치 추구와 역사성을 일궈내는 중요한 완성조건이다.

38. 가장 커다란 진리란 무엇인가?

진리란 도처에 존재하지만, 함부로 다가설 수 없는 인간이 내면세계의 빛으로 나아가는 길이다. 이는 깨달음이 동반된 혜안과 통찰에서 비롯되며 정신의 경지에서 인간이 추구해야 할 최고의 목적으로 손꼽힌다.

우리가 알아야 할 가장 큰 진리는 인간이 선험적 존재라는 사실이다. 인간은 신의 존재, 혹은 세계의 섭리를 운영하는 창조주의 존재를 어렴풋이라도 느끼며 세계의 이치와 흐름을 직관적 능력으로 파악한다. 이는 곧 인간의 영혼에 존재 경향이 각인되어 있어서 그것들로 인해서 수반되는 많은 현상을 마주하는 동인이 되는 것이다.

> 개별 인간이 지닌 고유한 내적 체계는 인간이 경험 이전에 지각과 판단을 가능케 하며, 직관과 사유를 통하여 세계를 바라보며 사물의 이치를 파악하는 일을 돕는다.

인간이 세계와 사물의 본질을 파악하기 위해 노력하는 일은 진리를 추구하는 과정으로써의 방편이다. 그러기에 때때로 본디적 요소에서 참된 현상을 발견해 내는 작용으로 귀결될 수 있는 본질과 진리는 유의한 개념으로 이해되기도 한다. 진리를 추구하는 인간은 언제나 깨달음에 도달하는 존재이다. 만인에게 통용되는 공통 진리라는 거창한 개념을 접어두고서도 인간은 자신이 가진 무지의 껍데기를 깨부수고 개별적 존재로서 추구할 수 있는 진리를 얻기 위해 노력을 해야 한다. 우리는 끊임없는 진리의 발견을 통해서 삶이 주어진 이유를 찾고 이를 통해 성숙해지며, 세계를 바라보고 대응하는 고유한 사상을 지닐 수 있다.

39. 인간에게 시간이 의미하는 바는?

인간에게 시간은 삶의 전제가 되는 연속성을 지닌 요소이다. 인간은 시간이 흐르는 축을 하나의 전제로 삼아 삶을 구상하고 그 안에서 과거와 현재, 미래를 구분 짓는다.

시간은 추상적인 요소로서 우리가 과거와 현재 그리고 미래를 정확하게 나누는 기준은 모호하다. 시간은 쉬지 않고 흐르고 있고 인간이 현재를 인식하는 순간은 바로 시간이 과거로 이행하는 찰나와 일치한다.

누구도 가르쳐주지 않은 가상의 개념으로 작용하는 시간은 인간이 고안해 낸 가장 효율적인 삶을 통제하는 수단이다. 인간은 시간을 삶의 기준으로 삼아 매일 경영하는 일과를 계획하고, 과거의 한 기점을 회상하며 미래의 속성인 미지의 것으로 자신을 이입하여 가늠해 보는 일을 수행한다.

인간이 시간을 광의의 범위로 간주할 때 그 안에서 자신의 정체성을 유추하고 스스로를 촉구하는 역할을 한다. 시간을 통해서 인간은 과거의 자신이 거쳐온 길과, 자신이 현재 존재해야 할 위치와 미래에 당도하게 될 지점에 직접적으로 관계하게 된다. 그 과정에서 나라는 존재가 어떤 과정을 통해서 구성되었으며 앞으로 어떠한 길을 걸어가게 될지 자신이 가진 정체성을 스스로에게 묻게 되는 것이다. 시간이 가진 자각을 초래하는 역할을 통하여 인간은 사려와 분별을 가지게 되고 스스로를 다잡고 가진 의지를 끊임없이 바로 세우는 것이다.

즉, 시간은 인간에게 자기를 비추는 거울이며
인간은 그 안에서 자신의 삶을 관조한다.

40. 우리의 심연에는 무엇이 존재하는가?

심연의 고요함 속에서 차분히 마음을 응시하게 되면, 이의 귀결로 우리는 언제나 하나의 의지가 물줄기처럼 솟아올라 부유하게 됨을 느낀다.

우리의 심연에는 삶에 대한 순수한 의지로 이어지는
굼틀거리는 생명의 약동이 현존한다.

생명은 마음을 투영하여 우리가 부여받은 신적인 품성과 양심으로 공명과 동시에 내면적 이치를 일으킨다. 심연에 실존하도록 부여받은 신적인 품성과 양심은 인간의 특권이다. 이는 인간이 스스로에 대한 탐색을 수행하도록 도우며, 인간에게 분별된 이성으로 만물을 바라보고 판단하는 기준으로 작용한다. 신적인 품성을 통하여 인간은 허락된 신성한 정신의 경지에 이르게 되며, 양심을 통하여 이지를 아는 최고의 단계에 도달하게 된다.

스스로 신적인 품성과 양심을 지녔음을 아는 인간은 자신과 타인에 대한 존중과 견고하게 쌓인 신념적 체계를 지닌다. 이들이 가지는 타인에 대한 존중은 자신만큼이나 타인 또한 존귀하며 그들에게도 내면에 드러나지 않은 신성神星이 존재할 것이라는 확신으로 연결된다. 또한 자신이 건강한 사고와 판단을 할 줄 아는 존재임을 믿고 남용되지 않은 자유의지를 기꺼이 발휘한다. 자신의 심연을 탐구하고자 하는 인간이 가져야 할 우선적인 태도는 믿음이다. 인간에게는 스스로가 가진 실체와 진실에 대한 두려움이 생길 수도 있지만, 심연이 가진 파악되지 않은 깊이에 미리 함락될 것이 아니라 자신이 지닌 고요함의 힘을 믿어야 한다.

41. 빛을 통하여 인간의 의식은
　　 자유로움을 얻는다.

내면에 어둠을 지닌 인간은 시각이 자유롭지 못한 장님처럼 느끼고, 자각하는 의식도 어둠 안에 존재하게 된다. 의식이 어두운 인간은 만물을 바로 보고 판단할 수 없는 자이다. 어둠의 베일이 그의 눈과 판단력을 흐리게 하여, 삼라만상이 지닌 어떠한 진리를 마주하더라도 그것의 진실과 거짓을 구분할 수 없기 때문이다. 그런 자에게 한 줄기 빛이 주어지면 상황이 달라진다.

빛은 어둠을 퇴치하는 생명이다. 인간은 빛을 통해서 어둠에 가려 자각하지 못한 자신의 의식이 깨어나는 것을 느끼며, 온전히 자신에게 주어진 지각과 판단의 자유로움을 얻는다. 그리고 진리를 향하여 한 발 더 가까이 다가가게 된다.

인식과 의식의 자유로움은 인간을 한층 더 성숙하게 만들고 세계의 근원과 앎에 다가설 수 있도록 돕는다. 자유로움은 언제든 모든 가능성을 고찰하게 한다.

가능성의 영역 안에서 자유로워진다는 것은, 빛으로 인하여
밝은 눈을 지닌 인간이 얻을 수 있는 가장 큰 이로운 점이다.

그는 타인이 만들어 놓은 틀에서 벗어나 자신의 의식 영역으로 이루어진 자기만의 세계를 구축할 수 있는 것이다. 인간의 의식이 진리가 아닌 것에 메어있는 것이 아닌 자유를 얻기 위해서는, 스스로 수고를 들여 부단히 깨우치려 배우고 익히는 생활을 실천해야 한다. 의식에 빛을 얻기 위해서는 앎을 위한 습득을 통하여 끝없이 자각하여 자신만의 이념과 사상을 구축하고 항상 깨어있는 삶을 추구해야 한다.

42. 세계를 향한 고뇌의 실체란 무엇인가?

인간은 원하는 것을 손에 넣을 수 없을 경우와 의지가 억압받았을 때 고뇌를 느낀다. 욕망과 의지의 작용에 반하여 발발하는 것이 고뇌이다.

고뇌의 순기능은 이를 통해서 우리가 자신과 세계에 대한 깨달음을 얻는다는 것이다. 고뇌를 통해서 우리는 본질적인 실체로서의 자신이 원하는 바와 자신을 둘러싼 환경을 재인식하는 기회를 얻게 된다. 즉 고뇌의 역할은 우리를 행복하게 만드는 희열만큼이나 커다란 비중을 차지하기 때문에, 긍정의 순간에 들뜬 기분으로 인하여 눈이 멀어 놓쳐 버린 다양한 판단 요소들을 관찰하고 차분히 곱씹는 계기를 만들어 주는 것이다.

고뇌가 지닌 역기능은 인간이 지나치게 고뇌에 몰두하여 의식의 심연에 파고들도록 내버려둔다면, 빛을 바라보는 눈을 잃어버려서 영혼이 황폐해지는 지경에 이르게 된다는 것이다.

그러기에 우리에게는 기쁨과 희열 뿐만 아니라
고뇌를 활용하는 데에도 조화와 중용이 절실히 요구된다.

중요한 것은 희열과 고뇌에 지배당하는 것이 아니라, 우리가 통제할 수 있도록 의연한 마음가짐을 지니는 일이다. 우리는 만물이 양면성을 지닌다는 진리를 어떠한 극단이 찾아오더라도 잊지 않도록 스스로에게 각인시키어, 고뇌를 통한 배움의 가능성을 인지하며 의연하게 극복하는 자세를 지녀야 한다. 고뇌를 마주하는 인간이 얻을 수 있는 가장 큰 가르침은 모든 경험에는 의미가 있다는 신념임과 동시에 인고의 시간을 견디며 현재보다 성숙해지는 자신을 길러내는 그 자체이다.

43. 정신의 의무는 자신을
극복하는 것이다.

인간의 탄생과 실존에 관한 계획은 신으로부터 발생한 주도적인 예측에 따라 결정되었음에도, 인간은 스스로의 존재 자체가 기인이 되어버린 굴레에서 벗어나지 못한 채, 인간이라면 마땅히 가져야 할 의무처럼 부과된 내면의 과제를 떠맡게 된다. 이것은 바로 자신을 극복하는 과업이다. 인간은 스스로가 지닌 불완전성의 실존 개념을 가장 절실하게 체감하는 본디의 존재이다. 그리고 이를 극복하여 완성의 경지에 도달하기 위한 능동적인 행위를 지향해 마지않는 성숙한 의식을 지녔다.

인간의 내면에 정주하는 보편적 정신은 스스로가 구축한 틀로 인하여 마련된 영역에서 벗어나지 못한 채, 끝없이 신념과 사상으로 이루어진 모래성을 쌓고 허물기를 반복한다. 우리는 인간 개체의 자의식이 무엇을 위하여 그토록 자유로운 정신을 자기 세계의 본연에 부응하도록 훈련하는 것인지에 대한 의문을 가지고는 하는데, 이것은 우리 정신의 의무가 자신을 극복하는 것임을 아는 선험적인 의식에 기인한다. 우리는 훈련을 통하여 하루에도 수천 번 요동치는 불완전한 내면에 굴복하지 않고 이를 이겨냄으로써 가장 자아다운 이해 양식이 추구하는 목적에 충실하기 위하여 노력한다.

자신의 한계를 극복하는 태도를 기르는 것을 숙명으로 삼는 인간이야말로, 삶을 향한 주체적인 기지를 지닌 존재임은 의심할 여지가 없다.

믿었던 운명의 모습이 변하여 마음과 몸이 지닌 최대치를 발휘하여 쌓아놓은 모래성이 무너지더라도 우리는 아주 잠시 동안만 슬퍼해야 한다. 응당 인간이라는 숙명으로 인해 다시 일어설 것이기 때문이다.

44. 하나의 현상이 포착되는 순간이 보편에서 특수함으로 이행되는 근간이다.

세계는 다양한 정신이 스스로를 대상으로 삼아 전면에 내세우는 일련의 활동들이 혼재된 영역이다. 이런 세계에서는 인간의 의지에 따라서 하나의 대상에서 보편과 특수를 동시에 경험하는 것이 가능하다. 하나의 현상에 대하여 인간이 의식화의 과정을 거치느냐 그렇지 않으냐에 따라서 보편과 특수의 성질은 결정된다.

    어떠한 내면화 과정도 거치지 않은 보편적인 존재인 대상은
      의식이 담긴 특수한 실현의 소산이 되는 순간에 도달한다.

이런 행위에는 주체자가 존재하기 마련인데, 이들로 인하여 하나의 현상이 포착되는 순간이 바로 보편이 특수함으로 이행되는 근간이다.

이런 의식화의 요점은 자신만의 개체성 안에서 구상되는 자유 의식의 발로이다. 모든 인간에게 자기 고찰적 순간은 자연스러운 현상으로 다가오지만, 실제로 그것을 하나의 실체가 되는 결과로 구축해 내는 것은 주체자의 의지에 달렸다. 이런 보편성을 개인의 경험과 추상적 사상을 녹여서 일반화하는 순간이 특수한 성질의 것이다. 그 일련의 활동 가운데의 어느 우연 속에서도 우리는 인간의 고뇌를 엿볼 수 있다. 인간은 그 과정에서 자신의 사명은 정신이 스스로의 본질을 실현하는 것이며, 세계는 다가서고자 하면 언제나 열려 있을 뿐만 아니라 길을 마련해주는 우호적인 존재라는 것을 깨닫는다. 본인에게 주어진 오늘의 의미를 자각하지 못하는 인간은 그 깨달음을 통한 결실을 위하여 고뇌한다. 세계 속에서 만물은 항상 현상으로서 존재한다는 명제를 잊어서는 안 된다. 현상 속에 숨겨진 의식의 발아를 위하여 우리는 존재의 경험을 확대해야 한다.

45. 인간에게 필연적으로 다가오는
이념은 어떤 속성을 지니는가?

인간이 필연적으로 맞이하게 되는 이념의 실체는 두 가지의 특징을 지닌다.

첫째는 현존재가 지닌 체제의 기초를 구성하며 내적 정신이 추구하는 바, 즉 인간의 숭고한 정신을 실현하는 영혼의 도구로써 다가오는 이념이다.

이는 이념으로 말미암아 인간다움을 추구하는 매개가 되는데, 내면세계가 외부와의 교섭을 가지도록 이끄는 용기와 정신력 그리고 확고한 신념 등으로 표명될 수 있다. 이들은 진정성과 연관된 의미적 개념으로서 작용하며, 인간의 정체성을 결정짓는 데 영향을 미치는 요소이다. 나아가 이것들은 타인으로 하여금 인간이 지닌 고매한 내면세계를 탐닉하고 경외하게 만드는 초월적 요소이다.

둘째는 인간의 내면에 반향을 가져오는 정신적 지주가 되는 이념이다.

인정, 선한 의지, 진보 등으로 귀결될 수 있는 요소로서, 이들은 내면세계에서 무형의 관념적 형태로 기거하는 데에서 나아가 반드시 외부로 표출되었을 때 그 가치가 드러난다. 이들 이념의 발현을 통해서 인간은 상호 작용을 추구할 수밖에 없는 공동 존재로서 확신하게 되고, 서로의 영향력 아래에 이상과 삶을 공유하게 된다.

인간은 자기가 추구하는 이념의 무한함을 향유할 때 존재로서의 만족감을 느끼며, 그것을 실현할 때 하나의 완성된 존재로서의 자아를 만끽하며 행복과 마주한다. 이념은 본연의 모습과 일치한다. 필연적으로 다가온 이념은 언젠가 자아가 과거에 꿈꾸었을 모습을 현실로 소환시킨 나를 둘러싼 무한한 우주, 아니 어쩌면 신의 뜻이 반영된 결과이다. 인간은 생生에서 끝없이 이념을 덧대며 살아간다. 무엇이 궁극적인 선물인지는 각자가 스스로 판단해야 할 사명이다.

46. 인간이 한계를 극복하려는 용기는 언제 발생하는가?

인간에게 한계란 인과적인 요소로 다가온다. 이는 자신에 대한 인식을 근원 삼아 순수한 밝음 속에서 온전하게 자기 자신이 되는 바를 지향하는 데서 생기는 현상이다. 이는 주로 타인을 배제하고 자신을 향한 관점을 통하여 이상적인 자신의 모습 및 내면의 규율을 구축하는데, 자아에 대한 기대치가 항상 작용하는 것이다. 인간이 한계에 굴복하고 만다는 것은 감추어진 의식과 내면에서의 대립을 낳는 일이다. 우리의 내면에는 상을 지배하는 힘의 실체가 작용하는데, 우리는 이를 어렴풋이나마 느끼며 살아간다. 한계에 굴복하게 된 인간은 자신의 내부에 작용하는 힘의 실체가 경고하는 불온건성에 맞닥뜨리게 된다. 이 명제로 말미암아 내부로부터 약동하는 온건함을 향한 변화의 흐름을 따르지 않은 자는 몰락하고 만다는 진리에 순응해야 함을 역설力說하는 바이다. 기지가 충만한 존재는 용기에 현명함이 더해진 자이다.

한계를 극복하려는 신념이 구체적인 행위와 일치하는 곳에는
당위성이 있기 마련이다.

인간이 본위에 닿지 못하는 허위성으로 가득 찬 세계와 결별하고, 자신을 감싸 안아 화해하고 자유로운 주체성을 분휘奮揮하여 삶을 존중할 때, 자신의 한계를 극복하기 위한 용기와 마주한다. 이러한 자들은 자신만이 본인의 한계를 규정짓는 유일무이한 존재라는 사실을 깨닫게 될 것이다.

내면세계를 인식하는 힘과 정신은 여전히 추상적이다. 인간은 때로 자신을 과도하게 옥죄는 일을 서슴지 않는 광포한 존재는 아닐까 의심

하기도 하지만, 인간이기에 우리는 인간다움을 규정할 수 있는 요소에 집중하며 살아가야 한다. 그런 의미에서 한계를 극복하고자 하는 용기와 지혜는 인간다움을 위하여 추구해야 할 자각임이 틀림없다.

47. 거인은 내 안에 존재한다.

인간은 의식적 자각을 반드시 수반하는 것은 아니지만 내면에 거인들의 형상을 품은 채 살아간다. 우리는 두 가지 속성으로 설명될 수 있는 거인의 모습과 마주하게 된다.

첫 번째 모습은 두려움이다. 우리는 매일 스스로가 소원하는 기대치만큼 성취하고 발전에 이를 수 없을지도 모른다는 두려움이라는 거인과 싸워서 이겨야 하는 부담감을 견디도록 종용받는다. 원하는 만큼의 무언가를 성취하지 못했다는 결과와 두려움을 굴복시키지 못했다는 한탄 중 우리는 어떤 것을 용인하는 것인가? 거인을 굴복시키기 전에는 그 엉킨 매듭에 발목이 묶인 채로 어디든지 가 닿을 수 있지만, 어떤 곳에도 진정한 내가 존재할 수 없을 것이라는 예감이 주는 고통 속에서 살아야 한다. 인간의 내면에 존재하는 다른 거인은 완성적 존재이다.

이는 존재가 지닌 불확실성에 대한 두려움을 극복하고,
그것의 실존론적 의미가 시사하는 바를 스스로 정립해 나가는
과정을 거치며, 자신을 유연하게 통제할 수 있는
진보된 거인의 모습이다.

이 거인을 통해서 우리는 하나의 현상적 지반에서 사유하는 법과 순수한 사유 작용 그리고 인식을 추구하는 연습을 하게 된다. 이런 거인으로 인하여 인간이 누릴 수 있는 최대의 유익은 자신을 통제하는 행위에 기꺼운 마음으로 길드는 것이다. 주체적인 인간으로서의 정당함에 부합하는 요소는 본능이 아니라 스스로에 대한 합리적인 통제에 익숙해지는 것이다. 거인을 대하는 우리의 의무는 두려움의 작용을 세계 적합성을 지닌 완성적 존재로 승화시켜 그 거대한 아찔함으로부터 벗어나는 일이다.

48. 인간은 각자의 고유한
     운명 가능성을 지녔다.

인간은 의식하지 못하는 순간조차도 매일 다른 어떠한 특정한 운의 흐름과 이것이 이끄는 방향성에 의해서 나아간다. 인간은 발복하는 운이 이끄는 힘으로 하루 혹은 한 달 그리고 나아가 일 년과 십 년을 하나의 계획된 순환 속에서 삶을 영위해 나간다. 즉, 인간에게는 각자의 고유한 운명 가능성이 존재하는 셈이다. 그 안에는 일종의 정해진 법칙이 숨어 있는데, 이것을 정확하게 판단하고 완벽하게 알 수 있는 사람은 없다. 그것을 어렴풋이 아는 사람들은 단지 예측만 할 뿐이며, 인간에게는 허락되지 않은 영역으로서 실현되기 전까지 짐작으로밖에 가 닿을 수는 없는 것이 운명 가능성이다.

<blockquote>
운명 가능성에 의하여 생生의 서사는 이루어지며,
모든 것들은 인간의 성장과 성숙을 위하여 때로는 은폐되어
인간에게 운명 안에서의 성실함을 요구한다.
</blockquote>

　이따금 미숙한 존재들은 자기 혼자 짊어져야 하는 운명의 무게에 짓눌려, 그 순간만을 견디어 내면 펼쳐질 광대한 영광의 순간들을 상상하는 것도 수용하기도 어려운 지경에서 그 발걸음이 멈추어져 있다. 하지만 인간이 그 어려움에 굴복하지 않고 나아가 가능성을 파악하고 예측한다는 것은 존재의 발휘를 실현하는 일이다.

　자신의 운명 가능성을 알기 위하여 언제나 신을 향하여 간절히 부르짖도록 지음 받은 인간 삶의 가장 큰 위협은 나태함과 좌절이다. 오늘도 예정된 운명은 하나의 결실로서의 가능성에 부응하기 위하여 우리를 향해 질주하지만, 그 운명이 내미는 손을 맞잡을지 뿌리칠지는 순전히 인간의 자유 의지에 달려있다.

49. 인간을 움직이는 원동력은 이상에 대한 소신所信이다.

인간은 근원적으로 정념의 동물이다. 지극히 이성적이면서도 부지불식간에 발생한 감정에 매몰되어 살아가는 우리는, 정념으로 인하여 자신의 신념이 억견이 아닐까 하는 의심에 젖고 마는 불운을 겪기도 한다. 그럼에도 불구하고 만물은 예외 없이 자신만의 세계를 지니는데, 인간이 가진 모호한 관념적 의식이 하나의 사상이 되기 위해서는, 때로는 많은 도전과 끊임없는 기투 그리고 깨어짐 가운데 이루어지는 의식의 연어蓮語적 작용을 통한 결속이 요구된다. 그 가운데 우리는 인간을 움직이게 하는 원동력으로 작용하는 본디적 요소는 내면에 결집한 관념적 체계로 이루어진다고 믿는 바, 그것은 판단의 실체가 되는 이상에 대한 소신所信에서 비롯된다는 발견을 얻게 된다. 인간은 이 의식을 기준 삼아 삶의 현상과 그 이면을 바라보는 눈을 가지는데, 집결된 관념체들로 이루어진 정신은 외부 세계에서 물질로써의 재현과 결부된다.

> 　인간에게 이상은 그것이 아주 미약할지라도 닿고 싶은
> 　　　미지의 영역에 존재하는 개체로 작용한다.

　과연 꿈꿀 수 있는 대상을 발견하지 못한 인간과 합리적인 판단을 가능하게 하는 이성을 지녔음에도 불구하고 정념의 노예로 살아가는 인간 중 누가 더 불운한 걸까? 인간이기에 우리는 의식의 발전을 지향하며 단지 하나의 상태로만 머물러 있기를 지양한다. 이상을 향해 내달리는 발걸음과 그에 대한 믿음은 그 자체로 숭고하다는 진리를 절대로 잊어서는 안 된다. 내면을 면밀하게 다듬어라! 모든 위대함의 시작은 인간의 내면에서 발견되는 영감에서 비롯된다.

50. 운명의 유한함이 인간에게
　　선사하는 유일한 선물은 망각이다.

고작 한 세기를 살아가지만, 탄생의 순간부터 울음과 공존하는 인간의 삶에는 허락된 희열만큼이나 아픔과 고통 또한 많다는 전제는 피할 수 없다. 세계의 궁극적 목적을 파악하고 추구하기 위한 인간의 정열과 투쟁은 의식을 형성하는 데 한몫한다. 인간의 격정이란 때론 너무나도 강렬하여, 이를 타파하기 위하여 치열한 투쟁을 불사할 각오를 하지 않으면 헤어나올 길이 없는 심연에 속한다. 이를 감당하기 위하여 인간이 지닌 정신적 우주에는 신의 섭리인 망각이 존재한다. 운명의 유한함이 인간에게 선사하는 유일한 선물은 망각이다. 이는 나 자신과 타인에게 잊힐 권리를 부여하는데, 그로 인하여 망각의 관점에서 행복한 사람이란 격정의 기억이 찾아오면 스스로를 자연스레 내려놓고, 삶으로 인하여 발생한 의식이 일정한 방향을 향하여 흐르는 것을 잠시 멈출 수 있는 의지와 통제력을 지닌 자이다.

망각을 하나의 이념으로 인정할 때, 우리는 의지의 진실한 모습을 내포하는 정신의 현실성과 자유를 설명할 수 있다.

치열하게 자신을 채우기에만 급급한 인간은 정신의 망각을 거쳐서 자유의 한 페이지를 수용할 수 있는 공간을 얻게 된다. 어떠한 이치는 채울 때보다 놓아둘 때 강렬한 진리를 덧입고 다가오기도 하기 때문이다. 신에게 선택받음으로 말미암아 인간은 지구상에서 가장 위대하면서도 가엾은 존재이다. 이는 너무나도 많은 사람이 생生을 걸어 나가는 과정에서 지울 수 없는 트라우마를 경험하기 때문이다. 인간은 의식의 순환을 거쳐 진정한 자신의 모습과 더 강해진 자아로 회귀하기 위하여 가능하다면 망각을 의식적으로 활용할 필요가 있다.

제3부
내밀한 사유들

51. 물음으로써의 행위란 무엇인가?

물음은 그 자체로 하나의 결실을 추구하는 행위의 시작이며, 또한 모호하게 결집한 사상의 매듭을 해체하여 깨달음을 향한 방향을 제시한다.

물음은 인식의 전진이자 끊임없이 의식이 순환되는
통로로써 작용한다.

　이 행위는 의식이 지나가는 길을 계속해서 거쳐 진리에 다가가도록 돕는 수단이자, 수많은 크고 작은 가지의 형태로 집결된 암흑과도 같은 모호한 사념들에서 시작하여, 종래에는 다양한 의식의 점화를 거쳐 하나의 결과로 수렴되는 과정을 거친다. 결과로써 진리에 도달하는 경우도 있지만, 과정상에서 의외로 수확을 거두기도 하는 행위이다. 물음을 추구하는 인간은 탐구 대상과의 외면적인 관계를 구축하는 데도 힘을 쏟지만, 미지의 대상을 향한 굳은 의지를 발현시키는 과정에서, 자신의 내면세계를 싸고 있는 두터운 껍데기를 한 꺼풀씩 벗겨내며 스스로를 정화하는 수단으로 물음을 활용한다. 즉 물음을 수행하는 자신을 제외한 다른 모든 것에 의문을 가지더라도, 결국은 자아가 지닌 참모습을 올바로 파악하는 길과 직결되는 것이 물음의 순기능이다.

　삼라만상의 존재 양식과 타당한 현존 가능성의 실재적 조건에 대한 의문을 상실하고 물음을 행하지 않는 인간은 가련한 존재이다. 인간은 묻는 행위를 통해서만 닫혀있는 것처럼 보이는 세계를 향한 문을 두드릴 수 있으며 우리가 무엇을 위해 존재해야 하는지에 대한 해답과, 삶과 우리의 내면에 어떤 진리가 존재하고 있는지를 확인할 수 있는 것이다. 물음은 그 모든 가능성을 내포하는 길이다.

52. 사상적 실질을 추구하는 일은
내적 구성의 실현과 소묘를
통해 이루어진다.

어떠한 의견이 사상적 실질을 갖추기 위해서는, 이해와 해석에 있어서 형식적인 적용이 아닌 실제의 요소들로 구현된 관념을 토대로 하나의 근거로써 작용해야 한다. 그 일차적 목표는 사상적 실질을 이룬 제각기의 논리와 체계를 밑그림으로 단서 삼아 유의미한 내적 구성을 이루는 것이다. 내적 구성의 실현은 기초적으로, 구조 계기 간의 교섭과 내포된 가치들의 소묘를 통해 이룬다.

사상이 실질을 갖춘다는 것은 내적 구성의 측면에서
형식과 내용이 갖추어진 가운데 텍스트에서의 해석과 이해를
추구하며, 이는 실재성의 가치와 동의를 지님을 의미한다.

이는 실제로 촉발된 의미의 연장을 통해서 하나의 옷을 입고 그 완성을 이루는 것을 의미한다. 실질이라는 영역 안에 도달한 사상에 대한 평가는 결국 이것을 마주하는 인간에 의해 결정되는데, 이것을 통하여 그 내적 가치에 대한 용인을 어떻게 그리고 얼마나 획득하느냐에 따라 그 완성도가 결정된다. 또한 내적 구조의 측면에서 사상이 얼마나 충실하게 이론의 근원과 맞닿아 체계적으로 그 내러티브를 구축하였는지도 중요한 요소가 된다. 사상의 실질을 추구함이란 넓게 본다면 텍스트 안에 가치를 부여하고 이것을 가꾸는 일이다. 이러한 의미에서 인간이 하나의 의견을 개진開陣할 때, 그것의 잠재성이 실재성이라는 요소로의 실현과 연관되어 있으며, 도구로서의 실존론적인 구성의 가치를 지녔는지 판단하는 행위가 요구된다.

53. 고귀한 사람을 결정짓는 요소는
정신의 성숙함이다.

고귀한 사람이란 운명의 수혜를 받은 자이다. 인간에게 부여된 운명에는 그 격과 급에 있어서 차등이 있다는 것은 세계에 만연된 하나의 진리이다. 본디 이것이 어떠한 방법으로 운명 지워졌는지는 알 수 없지만, 특별히 신의 은총을 받은 자들은 존재한다. 많은 은혜 중에서 무엇보다도 신의 사랑을 받은 자는 예리한 통찰력과 식견으로 사물의 본질을 꿰뚫을 줄 안다. 이들은 만물의 존귀함과 신성함을 의식적으로 이해함과 동시에, 만물에는 저마다의 근원적인 생生의 원동력과 본디적 요소가 존재하며, 그것을 외부로 표출하는 활동을 통하여 생生을 영위하는 것이 정신의 핵심이라는 것을 알고 있다.

고귀한 사람을 결정짓는 요소는 또한 정신의 성숙도이다. 이들의 인품은 진흙 속에 연꽃이 탄생하듯 어려움과 아픔 그리고 시련을 통해서 더욱 성숙해지는 과정을 겪으며 앞으로 나아가기를 멈추지 않는다. 사람이 정신적인 성숙의 과정을 통하여 그가 일구어낸 산물은 그 가치를 모든 사람이 기억하게 만든다. 그리고는 타인에게 보석과도 같은 귀감이 되어주어 마음에 아로새기게 한다.

시대가 원하는 지성은 두뇌의 영민함을 갖추기 이전에
내면에 고귀한 인품을 지닌 자이다.

이를 위하여 우리에게 어떤 아픔이 닥쳐오더라도, 정신이 그곳에만 머물러 있지 않고 진보하기를 멈추어서는 안 된다. 어린아이가 걸음마를 배우듯 인간은 자꾸 넘어지더라도 몇 번이고 다시 일어날 수밖에 없도록 짐 지워져 있다. 우리의 정신은 표류가 아닌 이 세계를 향해서 끝없는 항해를 해야 한다.

54. 예술의 가치는 무한하기에 우리를 열광시킨다.

예술의 가치는 인간이 지닌 내면세계의 깨달음에서 탄생한다. 작품이 가진 하나의 현상으로써의 진실이 인간의 심연에 진지한 고찰을 가져올 때 예술의 가치는 높이 평가받는다. 예술은 인간을 멈추어 숙고하게 한다. 그는 이를 통하여 이제껏 생각해 보지 못한 발상과 감각 기관의 자극을 경험한다. 또한 인간이 개체로서의 자신의 현실을 망각하고, 세계가 주는 무한한 영감으로 빠져들게 한다. 이를 통하여 인간은 자신의 심연에 머무는 것과 동시에 무아의 경지에 이르게 된다.

인간은 이 세계를 하나의 요소로 규정하고 내재한 가치에 대한 의식을 지닌다. 예술의 배려는 인간이 미처 발상하지 못해 낸 점을 하나의 개념으로 포착해 내는 것이다. 그것을 무엇이라 규정짓는 순간 하나의 가치는 피어난다. 그 과정에서 인간은 세계 속의 자아가 머물 수 있는 새로운 위치를 다지며, 세계를 향한 관념 또한 재정립한다.

예술의 가장 큰 가치는 치유와 자극 그리고 자유로움이다. 예술을 통하여 인간은 움츠러들었던 내면의 욕망과 카타르시스를 마주하게 되며, 무의미하게 여겨졌던 일상에서 자극을 통하여 잠들어 있던 그 어떤 것이 새로운 정신의 영역에 도달하게 된다. 우리의 속박된 정신은 예술을 통해서만이 일순간 진정한 자유로움을 경험하게 된다.

예술을 통해서 얻는 그 어떤 것에도 가 닿을 수 있다는
희망과 자유로움은 일상 속에 매몰되어 죽어있던 인간의 심장을
빠르게 뛰게 하는 신선한 감정이다.

우리가 인간의 정신을 담아낸 예술에 열광하는 이유는 그 무한함 때문이다.

55. 동정이란 상호 배려적인
    존재의 의무이다.

동정이란 인간이 타인과의 정신적인 교류를 능동적으로 추구하였다는 사실이 전제되었을 때 발생하는 현상이다. 그 과정 안에서 타인으로부터의 감정적인 전이가 일어난 것으로, 여기에는 타인을 염두에 두기 이전 자신에 관한 특수한 이해가 미리 반영되었다. 모든 인간은 자신의 내면에 잠들어 있는 불씨를 발생시켜, 감정적 동요를 일으킬 만한 발화점이 될 만한 요소를 제각각 가지고 있기 때문이다. 동정은 그것을 베푸는 이에게는 감정을 마땅히 다스릴 만한 힘과 의지가 있는 것이다. 항상 자신만의 행복을 일 순위로 삼는 인간의 이기적인 속성이 그의 본능임에도 불구하고,

> 동정심을 품은 사람은 한 시대를 공존하는 자신의 옆자리를 차지한 타인의 감정에 대한 배려를 가진 존재이다.

그 배려는 인간을 오직 자기 안위적인 요소에만 치중하는 것이 아닌 가장 인간다운 존재로 거듭나게 하는 거룩한 행위이다. 타인에게 동정심을 발휘하는 것은 동시에 오히려 배려하는 이가 자신의 인지하지 못한 정서적인 결핍을 돌보는 행위가 될 수도 있다. 인간이 때로는 타인을 보듬어 주는 것이 자기 내면의 어린 자아를 돌보아 주는 행위와 같은 효과가 있기 때문이다. 이로 인하여 동정은 한 시대 속에서 운명 공동체로 존재하는 이들에게 상호 간의 유익을 가져오는 인간적이면서도 배려적인, 일부에게는 의무적이기도 한 행위이다. 인간은 누구나 노력하여도 미성숙하다. 그리고 함께할 존재가 항상 필요하다. 타인으로부터의 관심과 동행을 소원하는 것이 인간의 본능인 이상, 상대적으로 배려적 존재로서의 의무를 잊어서는 안 된다.

56. 자의식을 지니는 것은 자신을
　　둘러싼 사물과 현상을 바라보는
　　기준과 체계적인 관점을 정립하는
　　데서부터 시작한다.

하나의 미로와 같은 생生에서 만물은 모두 삶을 향한 본디의 고유한 의도를 지니고 탄생한다. 인간이 정신의 영역과 긴밀한 관계를 유지하는 일은 삶에서 저버려서는 안 되는 의무 중 하나이다. 인간이 도달할 수 있는 정신의 경지 중에서도 자의식을 추구하는 일은 자신과 외부적 요소 그리고 타인을 구분 짓는 가장 첫 번째의 단계이며, 속박이 아닌 자유로움을 통하여 자신에 대한 깨달음을 가져온다.

> 자의식을 지니는 것은 근본적으로는 외부 요소와 자아를
> 분리함으로써, 자신을 둘러싼 사물과 현상을 바라보는 기준과
> 체계적인 관점을 정립하는 데서부터 시작한다.

우리는 항상 선행되는 외부적 자극을 통하여 어떠한 현상에 가 닿았을 때, 그것에 대한 반응을 보이는 자신과 사물에 대하여 깊이 의식하는 경향이 있다. 순간적인 분리의 경험을 통하여 자신과 외부 사물에 대한 의식의 측면에서 발생한 공조가, 하나의 일정한 인식의 장을 마련한다.

건강한 자의식을 지닌 인간은 자신이 유일무이한 잠재적 가치를 지녔음을 인지하고 있다. 자신의 가치를 깨닫는 순간부터 인간은 새로운 삶을 경험하게 된다. 그들은 감사를 경험하고, 스스로의 불완전성에 대한 고뇌에 심각하게 몰두하지 않으며, 성장과 진보가 그 어떤 행운아가 아닌 자신과 가장 밀접하며 일생을 통해 추구해야 할 인생의 화두임을 알고 있다.

57. 의식의 흐름 속에서
지향해야 하는 바

인간의 의식은 끝없는 결박과 자유를 통해 하나의 결실을 맺는다. 인간은 매일 한 가지 이상의 관념에 얽매이고, 이따금 그것들에서 자유를 획득하는 행운을 얻는다. 우리의 의무는 의식이 무엇에 호소하는지를 알아내는 일이다. 또한 호도된 의식 속에서 그것이 작용하는 바에 침투하여, 생각의 추이를 발견해내고, 흐름을 가늠하여 앞으로 나아가는 일이다.

의식에 대한 적확한 인식이 결여된 인간은 어디로 인도되는가? 이것은 무와 불합리 그리고 불안과 결핍으로 귀결된다. 인간의 불안감과 결핍은 현존재로 하여금 세계 속에서 자신이 차지하는 위치를 끊임없이 점검하고 재정립하게 하는 결과를 가져온다. 인간은 언젠가 실현될 공존을 위하여 고군분투하는 존재이다. 그중에서도 인간은 자신이 가진 사상이 다수의 그것과 건강하게 공존하는 현실을 꿈꾸는 존재이다. 인간이 가진 많은 관념 중에서도 추구해야 할 가장 우선적인 테제는 가치이다. 우리의 의식에는 자유를 향한 갈망이 존재함과 동시에, 하나의 가치를 획득하기 위하여 무엇이 흐르고 있는 것인가를 깨달아야 한다. 의식의 흐름은 우리를 어디로 인도하는 것이며, 의식 안에서 숨 쉬고 있는 우리는 무엇에 몰두해야 하는가? 그 답은 내면에 존재하는 비 순환적 에너지는 절멸시키고 의식을 깨워, 하나의 깨달음이 되는 가치를 추구하는 일이다.

즉, 하나의 의미로 연결되는 관념상의 가치를 생성해 내는 것이 인간이 의식의 흐름 속에서 지향해야 하는 바이다.

이 과정에서 유연한 순환이 이루어지는 존재는 정신에서만 이루어지던 속박에서 벗어나 관념의 실현을 통한 자유의 경지에 이르게 된다.

58. 정신적인 우월함을 지닌 인간은
혼돈의 순간에도 내면의 자아가
지향해야 하는 바를 정확하게
인식하는 자이다.

우리는 정신의 우월함이란 인간이 지닌 내적 성숙도와 연관되어 있음을 각인할 필요가 있다. 내면이 성숙한 사람이란 단적으로 말하면 심지가 굳건한 자이다.

정신적인 우월함을 지닌 인간은 빛이 보이지 않는 상태로
삶이 연속될 때도 자멸하지 않는 자기완성의 의지를 지니고
전진해 나간다.

그들도 자신의 신념을 추구해 나가는 과정에서 크고 작은 어려움이 닥친다는 사실을 용인한다. 하지만 견고한 정신의 가치는 따뜻한 햇살이 비출 때보다, 끝없는 추위와 어둠 속에서 견뎌낼 때 더욱 빛을 보는 법이다. 그들은 인생에서 혼돈의 순간에 찾아오더라도 내면의 자아가 지향해야 하는 바를 정확하게 인지한다. 그들에게 중요한 것은 자기 본위의 실현이다. 그를 위하여 엄격한 자기 검열과 통제의 잣대를 들이대기도 한다.

이들에게 중요한 것은 자신만의 목적지이다. 하나의 세계 속에서 공존하여 언뜻 보면 같은 길을 걷는 것처럼 보이는 현상이 존재할지라도, 각 인간이 가진 고유한 사유 작용의 실현으로 삶과 경험 그리고 환경은 제각각이다. 타인의 경험을 참고는 할 수 있을지라도, 온전히 자신의 것으로 받아들일 수는 없다는 사실은 개체가 지닌 개별성에 기인하는 바이다. 자신 외에 누구도 내면 자아의 어둠과 밝음 그리고 이상을 향한 기투를 오롯이 이해할 수 없다. 삶은 다양하고 인간이 그 속에서 사유하는 바는 더욱 다채롭다. 우리가 아는 것은 심지가 곧은 사람은 자아가 지향하는 바를 끊임없이 추구하려는 우월한 의지를 지녔다는 진리이다.

59. 인식의 본질

인식이란 그것을 바라보는 인지자가 사물이 지닌 잠재적 요소의 개진開陳에 대한 그러할 만한 발생과 판단의 가능성을 부여하는 일이다. 인식의 과정을 거치는 어떠한 대상조차도 관찰자의 명명 없이는 그저 빛을 보지 못한 물화物化 되기 전 은둔 된 알맹이와 같다. 사물은 항상 주관적 인식의 과정을 거치게 된다. 그렇기에 인지자가 지닌 시각은 인식의 행위에서 가장 주요한 선결 요인이 된다. 이로 인하여 어떤 이에게는 확연한 현상으로 다가오는 것이 타인에게는 너무나도 새삼스럽기도 하다.

인식하는 행위의 본질은
사물이 지향하는 숨겨진 이면의 진리나 내포하는 바를
의미와 실현의 영역과 지평으로 이끌어내는 것이다.

이는 관찰자가 하나의 의미를 부여하기 전에는, 어둠 속에서 그 본디의 자리가 가려진 대상일 뿐인 것을 완성으로 가지고 나와 구체적으로 형상화하는 일이다.

인식은 우리와 타자에 관한 관심에서 비롯된다. 우리는 관심을 두지 않는 대상에 대해서는 어떠한 진지한 사유나 성찰도 불가능하기에, 이것은 대상을 선점한 후 하나의 관심을 부여하여 바라보는 행위를 수행함으로써 인간이 지닌 내면의 무의식과 사물이 어떻게 구성되어 있는지, 그 관계적 구조를 파악할 수 있는 근간이 되는 자기 해석적 행위의 시발점이다. 우리는 인식을 통하여 하나의 개념과 관념의 상을 정립한다. 하나의 지각이 올바른 인식과 선순환 구조로 연결되기 위하여 우리가 탐구해야 할 바는 합리적인 의식적 태도에 관한 방법적인 연구이다.

60. 정신이 자신을 의식할 때
　　발생하는 일

의식하는 일은 그 자체로 인간이 내면에 도달하는 방법의 하나다. 정신이 자신을 의식하는 일은 자아 본연의 존립 방식에 귀착하는 행위이다. 의식의 흐름을 통하여 우리는 내면을 가로질러 하나의 영감이 되는 자아의 모체를 발견하게 된다. 정신을 탐색할 때 불현듯 떠오른 이미지는 한번은 우리를 스쳤던 과거에로의 예속을 가져온다. 과거는 우리에게 찰나의 접점이다. 자신이 지닌 진정한 의지와 신념에 도달한 자는 현재를 거친 정수를 맛본 것과 같다. 현재는 우리에게 숙명이다. 지나치지 않을 수 없는 매 순간 존재하는 것이다. 현재와 미래는 우리의 정신에 각인된 내재적 본능이 발현되는 지점이다. 미래의 어느 한 지점을 향한 우리의 의지는 현재에도 공공연하게 발생한다. 각인된 내재적 본능은 과거와의 관계성을 염두에 두지 않을 수 없는 대목이다. 그에 비춘다면 미래는 과거와 더불어 현재까지도 모두 아우르는 작용의 발현 주체라 할 수 있다.

우리는 정신을 현현顯現하기 위하여 삶을 지속한다.

정신은 만 가지 사유의 노작勞作이 이루어지는 중심점이 되어 흐르고, 그 과정에서 인간은 매 순간 선택의 위치에 서게 된다. 정신이 자신을 의식할 때 우리는 정신의 의무에 대해서 생각해 보게 된다. 또한 정신을 올바르게 활용하는 방법에 대한 사유도 따라온다. 정신은 체계적이면서도 자의적恣意的이다. 이러한 정신의 측면 때문에 정신과 인간이 상호 간에 찬동할 수 있다. 정신을 향한 우리의 의무는 자의적恣意的인 요소를 인정하며 필요한 때에 맞추어 올바르게 발휘되도록 훈련하는 일이다.

61. 자신만의 고유한 언어를 가지다.

인간은 언어를 통하여 자신을 표현하고 사람들과 소통하여 내적인 관념 세계를 구축하여 이를 현실에서 구체화한다. 언어로 존재하지 않는 현실은 실재화할 길이 없기에, 우리는 사물과 현상의 근저에 존재하기 위하여 언어를 수단으로 삼는다. 자신만의 고유한 언어 방식을 지닌 인간은, 세계에 기거하며 공존하는 방법적인 측면에서 완성을 이루었다고 할 수 있다. 그에게 언어란 세계를 관찰하고 그 안에서 불분명한 요소를 자신만의 프레임으로 정의하고 명명하는 선택권과 자유를 주는 요소이다.

> 자신만의 고유한 언어를 가진 인간은 적어도 자기 세계 안에서는
> 완전한 자유를 얻은 자라고 할 수 있다.

그들은 자신을 둘러싼 만물이 생을 영위하고 존립하는 방식을 스스로 인식하고 명명하며 자기 세계로 이끌어온다. 언어는 그 자체로 하나의 유인 행위이다. 그를 통해 고유한 세계로 초대된 사물은 새로운 곳에서 또 다른 의미와 개체적 특수성을 발현하며 삶을 향유할 수 있게 된다. 이렇게 언어는 인간이 그 자체로서 자신만의 세계를 구축할 수 있도록 돕는 창조 행위의 일환이다. 자신만의 고유한 언어를 지니지 못한 인간에게는 그만의 고유한 세상도 존속하지 않는다는 것을 의미한다.

언어란 즉 세계이다. 세계의 중심축에 자리잡은 절대 불변의 진리를 제외하고서는, 세계의 면모는 언제나 누구에게나 상대적이다. 그렇기에 인간이 활용하는 언어의 의미 또한 상대적이며 다양하다. 그리고 하나의 세계에서 그다음 단계로 나아가기 위하여 언어적 발상은 필수적이다.

62. 개념을 정립하다.

이는 사물이 가지는 특징과 고유 속성을 언어를 수단으로 삼아 표상화하는 작업이다.

개념을 정립하는 것은, 인식의 정황을 살펴 방법론적인 지침을 추구하며 인간에 내재한 관념의 상이 나아갈 방향성과 인식 체계의 틀을 잡는 일이다.

또한 대상을 이해하는 영역을 지정하고 근저와의 관계성을 고려하여 의미를 부여하는 일이다. 인간은 개념을 정립함으로써 자신의 인식과 주의의 영역 바깥에 있었던 대상을, 개별적 이해와 관념적 테두리 안으로 끌어온다. 개념을 정립하는데 인간의 선구자적 태도가 작용하는 것이다. 이렇게 인간은 헐벗은 대상에 이름을 부여함으로써 사변적인 요소로까지 발전될 가능성에 다가선다.

사물의 개념을 정립한다는 것은 나 아닌 대상에 나의 방법적 인식을 빌려서 가까워지는 일이다. 이의 시작은 사물을 향한 하나의 자각을 통하여 그 대상에게 길을 열어주고 곁을 주는 일이자 손을 맞잡는 일이며, 동시에 비어있는 방에 사물을 초대하여 그만의 고유한 역사가 시작되는 시점을 함께 구축하는 일이다. 이를 통하여 인간은 하나의 정신을 공유하며, 결속된 존재로서의 그 가치를 입증할 수 있게 된다. 여기에서 논의되는 정신의 본질이란 윤색의 과정을 거치고 사색이 반영된 실재적인 재현이며, 대상을 바라보는 인간 정신의 기조를 살펴볼 수 있는 치환의 지점이다. 이를 통하여 인간은 관념을 실현화하며 역사에서 철학적인 면모의 창조에 이바지하는 행위를 수행한다. 인간에 의하여 명명된 개념에는 사고의 전말이 담겨 있기에, 우리는 한번 보고도 직관적으로 그 깊고 얕은 정도를 인지할 수 있다.

63. 반성

이는 주로 의식이 과거로의 회귀를 거쳐, 부정적인 경향성으로부터의 회고를 시작하는 것에서부터 비롯된다. 그로 인하여 우리는 아직 다가오지 않은 사건이 반복될 경우를 예상한다. 반성이란, 미래를 미리 가늠하며 내적인 신념을 다지는 일종의 정화 작용이며, 과거에 비추어 현재와 미래를 바라보는 일이다. 반성적 인식이 몸에 밴 인간은 삶을 반추하여, 배움과 교훈을 추구하는 학습자의 태도를 지닌다. 이들은 완벽한 인간이 될 수는 없지만, 어제보다 한결 더 충만해진 삶을 살기 위하여 연구하는 자들이다.

인간은 과거에 대한 반성 없이는 전진할 수 없다. 우리는 신적인 이성을 지닌 한 인간으로서 어떤 삶의 태도를 지니고 무엇을 기준으로 삼아 삶을 영위할지 고심해야 한다.

> 주체적으로 과거를 돌아보고 사유하며 삶의 의미를
> 발견하는 일은 인간만의 대체할 수 없는
> 고차원적인 삶의 경향성이다.

삶이란 인간에게 많은 의미와 의무를 부여하는데 이는 그중에 하나이다. 반성이란 인간이 과거와 현재 그리고 미래의 특정 요소들에서 자신과의 연결점을 발견하여 또 하나의 의미를 찾아가는 과정이다. 이는 세 가지 시제의 영역을 고루 아우르는 행위이며, 능동적으로 살아가는 인간만이 택할 수 있는 숭고한 특권이다. 인간은 죽을 때까지 매 순간 진보해야 하는 의무에 갇힌 존재이다. 인간이 지닌 이런 의무에 부합할 수 있는 기저의 태도야말로 반성이다. 이상적인 인간 행위의 한 양태는 언제나 어제에 대한 진정성 있는 회고를 수행하며 미래를 마련하는 것이다.

64. 안다는 것

안다는 의미를 고찰하기 위해서 먼저 우리에게는 정신의 본성을 이해하는 것이 요구된다. 정신의 활동을 통해 파악될 수 있는 안다는 것이란,

하나의 사물에 대하여 정의와 전제가 시작되는 출발점과
지향점을 구분하고, 나아가 설익은 무지를 바로잡아
관념적 요소에만 머물지 않고, 물화物化를 가능하게 하는
실재적 구조양식을 파악하여 실천적 요소로서의
가치를 추구하는 것이다.

의미의 측면에서는 보편적임과 특수함 간의 규제가 없는 유동이 가능하며, 판단력과 기억력을 활용하여 공리를 추구함과 동시에 개별적인 순수 직관을 얻는 일이다. 앎에 있어서 단연코 최상의 단계는 직관을 활용하는 일이다. 우리는 안다는 것에 있어서 완벽함을 추구할 수는 없다. 알고 있는 사람은 자신의 지식과 지적 사유에 대한 명료화 과정은 거칠 수 있지만, 우리 중 누구도 앎의 단계와 경지에 대하여 확신할 수는 없다. 이것은 우리가 대상을 단지 파악하는 정도에만 머무르는 건지 아니면 참으로 알고 있는 건지 그조차도 적확하게 알기 어렵기 때문이다. 그러기에 앎의 정도에 있어서 완벽에 도달하는 일은 불가능하다. 앎이 주는 최대의 교훈은 인간을 겸허하게 만들고, 스스로가 지금보다 더욱 깊이 있는 앎을 필요로 하는 부족한 존재라는 의식을 품게 만드는 것이다. 앎이 가진 최대의 효용은 인간을 더욱 성장하고 싶게 만들며, 세상에 존재하는 미약한 것들조차 끌어안을 수 있다는 광휘한 신념을 지닌 존재로의 거듭남을 꿈꾸게 한다는 것이다.

65. 기만의 구조적 계기와
   농락의 목적성

기만의 구조적 계기는, 타인이 가진 진심의 순수성을 훼손하고 왜곡하여 모두가 본의를 의심하게 되는 일에서 비롯된다. 현상을 바라보는 눈을 멀게 하고 허구의 의식이 진실이 되어버린 현실에서 기만당한 자는, 자신의 존재가 뿌리부터 부정당한 듯한 환각에 젖게 된다. 기만이란 진실의 부재로, 하나의 현상에 대하여 상대와 내가 태도로써 취할 수 있는 본질들이 맞닿을 수 없기에, 서로의 내면에 가 닿을 수 없는 상태이다. 또한 하나의 사실적 현상에 대해 같은 공간에서 서로가 견지하려는 입장과 지향점이 다르므로 한 명은 응당 진실을 기대하고 있지만, 다른 이는 이를 덮어버리고 세계가 가진 허구의 또 다른 단면을 상대에게 보여주려 하는 것이다. 동시에 기만을 통해서 인간은 자기 내면의 진실, 그 순도를 조절하여 표현할 줄 아는 능력을 기르게 된다.

농락은 기만이 내포하고 있는 의도이다. 동시에 농락은 더욱 짙은 목적성을 덧댄, 기만의 발전 전 단계의 행위이다. 말하자면 농락이 지닌 목적성은 더욱더 능동적이다. 기만이 단순한 행위 자체의 현재적 속성만으로 정의된다면, 농락은 현재와 미래를 함께 가늠하는 능동적인 속성의 태도로서 평가된다. 이것은 현재 단순하게 어떤 행위를 취하겠다는 의도에서 나아가, 미래가 어떠한 상像으로 구체화 되기를 원한다는 사념으로 이끌어 가는 내포된 목적성이 뚜렷한 행위이다. 즉 농락이란 행위 안에서 목적성과 방향이 뚜렷하게 함축된 것이다.

기만과 농락은 모두 인간을 대하는 태도의 한 방편으로써
인간이 지닌 순수성에 도전하는 행위이다.

66. 우리는 우유성을 구분할 줄 아는
존재가 되어야 한다.

하나의 생에서 인간을 비롯한 만물은 수많은 변화와 성숙의 단계를 거친다. 이들에게는 완전함으로 거듭나기 위한 일시적인 과도기가 존재한다.

우유성이란, 그때 드러나게 되는 사물의 성질로서
만물의 진정한 속성을 의심하게 되는 기간이 된다.

이 기간에 진실과 거짓, 허구와 실재를 어떠한 영역에서 파악해야 할지 우유성을 지닌 본디의 대상은 물론이고, 이를 바라보는 이들 조차도 정확한 판단 기준과 오성이 갖추어져 있지 않은 때가 많다. 그로 인해서 이들 간에는 오해가 발생하고 진정한 모습을 바라보고 다가갈 기회를 얻었음에도 망각하게 된다.

관점을 바꾸어 말하자면, 우유성으로 인하여 생기는 존재의 속성 또한 특정 시기에 그가 가진 성질의 발현 중 일부이므로, 본디의 실체로 간주해야 하는 것이 아닌가 하는 개념적 혼돈에 빠져들 수도 있다. 그런 의미에서 우유성이 나타내는 하나의 일시적 현상도 종의 특질로 간주할 수 있다. 존재가 나타내는 모든 것은, 그의 근원으로부터 발원되는 한 줄기의 일부이기 때문이다. 중요한 것은 사물의 실재적 그리고 근원적 속성에 그러한 일시적 현상이 위배되느냐 아니냐 하는 데 있다.

우리는 일시적으로 나타나는 현상의 혼돈에 머물 것이 아니라 무엇이 존재의 근본에 속하지 않은 우유성인지를 구분하여야 한다. 그러한 판단력을 기름으로써 존재는 자기 세계를 가짐에 있어서 참으로 존재하는 유일함으로 거듭날 수 있는 것이다.

67. 고독

외로움이 그저 홀로 존재하여 교제가 없는 정도의 단순한 상태라면, 고독은 취하는 교제 가운데서도 이해받지 못하는 숭고한 자의식을 수반한다. 외로움이 타인의 부재로 인한 고립에서 비롯된 것이라면 고독은 자발적인 성향이 강하다. 고독의 관계에서 자아는 대다수와 다르며 서로를 납득할 수 없는 지경에 이른다. 또한 자의로 고독을 선택한 사람은 신에 의해 결정된 과제를 부여받기도 한다. 인간의 영혼은 선험적으로 각인된 이 과제를 인지하며 스스로 고립되어 동굴 속으로 들어가는 것을 선택한다. 함께 하여도 진정한 내면은 공존하는 것이 아님을 느낄 때가 고독이 부상하는 또 하나의 순간인 것이다.

고독과 홀로 서는 인고의 시간은 또한 현재에는 아닐지라도, 미래에 존재하게 될 공존의 순간을 기약하기 위하여 맞이하는 통과 의례가 되기도 한다. 고독의 순간을 견딘 후에야 비로소 자신을 위하여 생이 마련해 놓은 선물을 맞이할 자격이 주어진다.

타인과 함께하기 위하여 혹은 스스로 온전히 존재하기 위하여 자신에게 주어진 고독의 시간을 곱씹는 인간은, 내면의 물음과 성찰을 이끄는 독백을 통하여 자아가 진정으로 원하는 바에 가 닿을 기회를 얻게 된다. 고독의 시간 동안 우리는 생을 바라보는 관점과 관계를 재정립한다. 고독은 운명이 이끈 삶과의 연결고리이다.

고독과 성찰의 순간은 인간을 가장 자기다워지게 하는
자아를 위한 최적의 경지이다.

68. 기억

기억은 인간이 과거의 삶으로 초대받는 행위이다. 사람들은 끊임없이 현재에도 기억된 과거를 발판 삼아 삶을 구축한다. 의식적으로 노력해도 잊히지 않는 기억은, 강렬한 섬광으로 다가와 언제나 우리를 과거의 그 순간에 현존하게 만든다. 과거로의 회귀는 어떤 이에게는 현재를 살게 하는 힘이다.

기억은 주체자의 판단의 틀 안에서 존재하는 영역이다.

실제로 얼마나 정확하게 그 당시의 상황을 세밀하게 기억해 낼지 측정할 수 없지만, 우리는 언제나 기억에 의존하는 동물이다. 그리고 주체자의 판단에 따라 임의대로 기억은 변질되기도 한다. 그러기에 완벽하게 정확한 기억이란 있을 수 없으며, 누군가의 시점에서의 기억만이 존재할 뿐이다.

인간은 학습의 과정을 수행하기 위해 기억에 의존하지만, 인간과 동물에게는 기억 이전에 선험적으로(아프리오리하게) 각인된 내재 기억이라는 것이 존재한다. 내재 기억에는 과거의 경험이 반영되지 않는다. 어떤 경험을 수행하기 전에 이미 각인된 기억이기에 경험과 오롯이 분리된 영역이다. 인간의 삶은 각인된 내재 기억을 바탕으로 미래를 바라보고 살아가도록 밑그림이 그려졌다. 과거로부터 주체적으로 무엇을 기억해서 끌어오느냐를 결정하는 것은, 현재 내가 무엇을 중점에 두고 삶을 영위하느냐의 반영이다. 인간은 기억을 통하여 보고 싶은 것을 보고 내면이 허락하는 것만을 기억하기 때문이다. 삶은 우리에게 기억할 의무를 선사한다.

69. 내성內省 : 내면으로 시선을 돌리다.

이는 스스로 능동적 자각을 통하여 삶을 반추하며 자신을 투영하는 일이다. 내면을 차지하는 관념의 상이 반영되어 온 결과로서 외부는 존재하므로, 먼저 이에 대한 지각과 필요에 의한 의식적인 단절 없이는 내면의 모습에 대한 진지한 성찰은 어렵다.

내면으로 시선을 돌리는 것은
외부와의 관계성에 대한 염두와 인식을 부정하는 일이 아니라
오히려 이를 용인하지만, 의식이 작용하는 바의 기저 원리를
내면에서 찾는 것에서 시작된다.

그리고는 내면에서 투영된 외부의 모습을 통하여 삶을 판단하고 정의 내리는 근거를 마련하는 일이다. 이는 외부에서 발생하는 갖가지 현상을 참작은 하지만, 이에 휘둘리지는 않음으로써 의식의 작용 기제를 내면에 두는 일에서 시작된다.

외부의 현상은 특정 측면에서는 인간 자신의 내면을 비추는 거울이 되기도 한다. 하지만 인간이 자신의 의지와 상관없이 발생하는 외부적인 현상들에 대해, 일종의 체념을 할 수 있다는 것은 내면에서 의식의 발원을 찾았다는 것에서 기인한다. 인간은 비록 스스로가 원하지 않았음에도 결과적으로 발발하는 때로는 불합리한 외적인 현상들을, 내면적으로 얼마나 가치 있게 승화시킬 수 있느냐에 따라 그의 건강함과 인간적 완성도를 평가받기도 한다. 외부와의 조화로운 관계성을 염두에 두며, 내면의 빛을 추구하기 위하여 능동적인 태도로 내면을 가꾸는 사람은 기꺼이 자신을 투영하여 열린 세계로 나가는 가능성을 부여받은 존재이다.

70. 삶과 죽음

삶과 죽음은 별개의 영역이 아니라 연결된 하나의 자연 과정상의 순환이다.

우리는 삶을 영위하는 모든 순간의 경계에서
고개를 돌려 바라보면 언제든 죽음이 시연하는 그림자와
마주하게 된다.

가령 삶이 인간에게 생에 대한 강렬한 열망을 불러일으키지 못하는 순간에 우리는 죽음이 가진 어둠 속으로 눈을 돌리기도 한다. 자연은 순환을 통해서 만물을 가르치며 생명에게 삶과 죽음은 끝없이 반복되어가며 서로에게 맞닿아 이는 음과 양, 낮과 밤의 동위 영역에 존재한다.

죽음은 꼭 생명에만 해당하는 단어가 아니다. 우리는 사고의 순환을 통해서도 끝없이 살고 죽기를 반복하기 때문이다. 끝없이 새로운 사상을 맞이함으로써 다시 태어나기를 마다하지 않는 것이 인간의 본질이다. 어제 내가 가졌던 정념이 죽고 오늘 나는 다시 태어나기도 한다. 이렇듯 인간은 생에서 다양한 죽음을 직접적으로 혹은 간접적으로도 경험하기에 죽음 앞에서 점차 의연해지는 연습을 하는 셈이다.

삶에 대한 그 어떤 확신이 없는 자라도 우리에게 주어진 시간은 유한하다는 사실에는 동의한다. 우리는 불완전하고 나약한 인간이기에, 나침반으로 삼아야 할 생의 진리는 어디에 있는 것인지 찾아 헤매기도 한다. 때로는 나아가야 할 길을 찾지 못할지라도, 인간은 주어진 삶의 한 부분으로서의 시간을 유예해서는 안 된다. 그러니 삼라만상이 가진 모든 순간의 가치를 경시하지 말고 현재성을 마음껏 향유하라!

71. 후회

후회란 과거를 놓지 못하는 감정에서 발발한다. 즉 인간의 기억이 과거의 특정 시점으로 회귀하여, 취할 수 있었던 더 나은 가능성이 상기되는 과정을 경험하는 것으로 인하여, 최적의 선택을 하지 못한 것에 대한 밀려오는 회한이다. 후회는 인간을 과거와 현재 그리고 미래에서 동시에 살 수 있게 해주는 기발한 도구이기도 하다. 후회로 인하여 헤어나올 수 없는 인간의 기억은 과거에 존재하지만, 그때를 회상하는 정신은 현존하는 위치에서 관찰을 수행하며 다시 반복하지 않겠다는 굳은 의지는 미래를 가늠하며 실존하는 경지에 도달하기 때문이다.

  후회라는 감정을 현실에서 어떻게 수용하고 승화시키느냐에
  따라서 인간은, 자신을 보호해 주는 굳은 껍데기 속 자아라는
  부드러운 알맹이가 더욱 진보하는 계기를 맞이하기도 한다.

인간은 죽을 때까지 완전함에 도달할 수 없는 존재이므로, 실수나 후회가 따르지 않는 올바른 선택만 하는 인간은 현존하지 않는 법이다. 계속해서 반복되는 후회를 경험하는 것이 인간의 삶에 뒤따르는 숙명임에도 불구하고, 성숙한 인간일수록(적어도 인간이 나이가 들수록) 후회에 감정적으로 머무는 기간이 짧다. 그 후에는 이성이 사고하는 단계만이 남아 있다. 이성적인 판단력을 발휘하여 우리는 후회가 되는 요소를 반추하며 스스로를 보완해 나가며 완벽하지 않지만, 점차적인 성숙에 도달하는 삶 속에서 만족감을 느낄 수 있다. 우리는 후회라는 단어가 내포하고 환기하는 잠재적인 의미에 부정성을 대신하여, 삶이 후회를 거쳐서 언제나 선하고 유익한 방향으로 개선될 가능성과 마주할 수 있게 만들어 주기에 긍정적인 어휘라는 인식으로 제고할 필요가 있다.

72. 인간이 스스로를 기만한다는 것은 무엇을 의미하나?

속이는 행위 그 자체는 자신을 향해 주어진 상황이 가진 잠재적 가능성과 기억이 행하는 습작을 왜곡하는 현상인데, 이는 사물이 가진 순수한 경향성에 도달하려는 의도에서 벗어나, 다른 방향을 향하여 본질을 곡해하는 행위이다.

스스로를 기만하는 자는 자신의 눈을 가리어 참된 인식의 기회를 망각하는 존재이다. 그는 진실에 등 돌린 속임수로 스스로에게 멍에를 씌워 진리와 멀어지는 일을 택한 자이다. 그로 인하여 깨달음의 방향은 엇갈려 버리고, 만물을 바라보는 왜곡된 눈으로 인하여 정수精髓와는 멀어지게 된다. 그리고 이는 진정한 깨달음과의 점차적인 간극을 초래한다. 인간은 내면에서 일어나는 울림과의 소통에서 능동적이고 자유로워져야 한다. 어떠한 경우에도 내성內省을 통하여 관찰된 내면의 현상을 억압하는 행위는 근절해야 한다. 자신에 대한 인식과 판단의 기준이 명확하게 확립된 인간이야말로, 타인을 이해하는데 근본이 되는 요소를 보유하고 있는 것이다.

이렇듯 인간에게는 만물과 타인을 이해하기 위하여
먼저 자신에 대한 인식의 지평을 넓히고,
흔들리지 않는 올바른 가치관을 정립하는 일이
필수적으로 요구된다.

진실을 외면하지 않는 인간은 세계 속에서 자신을 향하여 내리쬐는 빛의 온기를 온전하게 느낄 수 있다. 자신의 내면이 지닌 특정한 경향성을 순수하게 용인하는 대담함과 용기를 지닌 인간은 두려움을 극복한 존재이며, 아직 세상 밖으로 발견되지 못한 보석과도 같은 숨겨진 본질이 지닌 근원적 요소에 다가갈 수 있는 자격을 갖춘 자이다.

73. 인간에게 꿈이란
   어떤 가치를 지니는가?

건강한 정신을 지닌 인간이라면 누구나 사유의 노작勞作을 거쳐, 자신의 심장을 뛰게 하는 희망의 기저를 가슴속에 품고 살아간다. 자신이 지닌 일반이 영위하는 현재를 초월하여 더 나은 삶의 단면을 꿈꾸는 것은, 언제나 이상을 바라보는 인간 종족이 지닌 본성이다. 그러기에 꿈에 다가서는 행위를 유예하거나 포기하려는 자는 신이 인간에게 선사하는 특권과 같은 예우를 거절하는 태도를 취하는 것과 같다.

자신 앞에 놓인 미래를 한 치 앞도 예지할 수 없는
인간을 강인하게 만들어 주는 것은, 한 가지 목적에 대한
열의와 순수성이다.

순수함에는 다른 잡스러운 불순물이 섞여 있지 않기 때문에, 그 자체로 물들지 않은 고유한 정체성을 지녔다. 그리고 꿈만이 인간을 순수한 목적성이라는 미명으로 기투하게 만든다. 열의를 가지고 한 가지 요소에 대하여 깊이 몰두하는 순간, 인간의 영혼은 순수한 정화의 과정을 경험하게 된다. 두려움 없는 강한 확신을 하고, 자신을 내던질만한 꿈을 찾은 인간은 축복을 받은 것이다.

물질세계의 창조와 실현은 정신의 영역이 기반이 되어 발생하는 현상이므로, 꿈을 이루기 위해 노력하는 인간은 시작에 있어서 언제나 자신의 정신 그 내면을 이루는 관념적 요소에 집중한다. 꿈을 향해 몰두하는 행위는 감정의 전이보다도 더욱 강한 전염성을 지닌다. 이는 꿈이 지닌 보편적 찬동성을 대변하는 현상이다. 오늘 누군가의 원하는 길을 향해 묵묵히 자신을 내던지는 모습으로 인해서 타인의 영혼은 격정에 사로잡혀서 생각지도 못한 영감을 마주하기도 한다.

74. 마음이란 무엇인가?

인간의 마음이란, 미지의 영역에 위치하여
아직 누구에 의해서도 개진開進되지 않은 존재를 향하여
언제나 눈을 돌리는 실체로서,
진정 가치 있는 이념은 무엇인지 골몰하며
끊임없는 진보와 성장을 꿈꾸는 내면의 현존 양식이다.

   인간은 자신에게 무수한 질문을 던지는 행위를 일삼는데, 그로 인하여 물음이 발생하는데 기본이 되는 전제와 나아갈 방향을 지정하고, 물음이 내포하는 근원의 도상에 머무르며 그 목적에 합당한 답변을 찾는 것을 자발적인 의무로 삼는다.

   마음은 다양한 모습으로 변모하며 자신을 드러내는 데 능숙한 자기 가능성의 소산이다. 마음은 오직 언어라는 외적 표현의 도구를 통하여서만, 표면적으로 드러나지 않은 자아가 가진 다양한 자기 가능성이 보유한 단면의 곁에 다가설 수 있다. 언어의 활용 없이는 마음의 자기 존재 방법과 실존이 입증되지 않는 것이다.

   한 가지 주의해야 할 것은, 마음에서 발생한 한 가지의 의식이 건강한 방법으로 내면에서 순환하지 않는 것이다. 인간의 마음은 끝없는 순환을 반복해야만 건전성을 유지할 수 있는데, 한 가지의 부정적인 사념이 심연을 메워 그 안에서 빠져나올 수 없을 때 이는 인간의 정신이 지녀야 할 건전성을 위협한다. 그러기에 인간 행위의 시작점이 되는 마음을 잘 다스려, 이를 이성과 관념의 활동 영역까지 건강하게 직결시키는 것이 인간에게 부과된 소명이다. 인간이 마음의 속성을 잘 이해하고 다스리며, 현실에서 자기 가능성으로서의 잠재성을 발현시킬 수 있는 성숙한 의식을 지닌다면 마음의 의무는 다한 것이리라!

75. 해석이란 또 하나의 나를 주체로서
찾아 나가는 과정이다.

해석이란 하나의 명제에 일정한 윤곽을 입히고 대상에 빛을 선사하는 행위이다. 이는 현상적 실마리를 파악하고 판단하여 언명을 획득하는 행위인데, 은둔과 회피가 아닌 피력하고 개진開陳하는 단계이다. 해석에는 주관적인 인식이 포함되어 있는데, 주체자의 경험과 사고를 빌어서 그의 작품과 세계를 만들어내는 일이다.

해석은 곧 자아의 눈으로 바라본 세계관의 반영이다. 이를 위하여 의식은 언제나 새로운 시도를 통하여 사멸하지 않고, 눈에 보이는 형태로 자기 사명을 완수해 나간다. 의식은 저항과 장해에 부딪히더라도 자기 동일성을 추구하기 위하여 한 걸음 한 걸음 자기의 내면을 향해 나아간다.

더불어 또 하나의 나를 주체로서 찾아 나가는 과정으로 설명할 수 있다. 내가 가진 의식이 해석에 반영됨과 동시에, 정의 내려진 하나의 명제로서의 해석을 통해서 자아의 참모습을 엿볼 기회가 되기도 한다. 이는 미처 발견하지 못한 확고한 객관성이 자신의 의식에 내재하고 있었음을 깨닫는 일이다. 또한 언제나 자신을 초월해야 하며, 더불어 자신을 초월하는 존재를 의식해야 하는 인간의 의무에 가장 합당한 행위이다.

해석을 통하여 인간은 자신이 가치가 있음을 증명한다.

이는 자신의 온전한 가치가 삶과 대상 그리고 의식에 타당함을 부여하고 그것을 입증하는 과정이기에, 인간에게는 하나의 성스러운 행위이기도 하다. 내가 바라보는 관점과 자의식이 녹아있는 하나의 명제이자 텍스트는 그로 인하여 인간의 분신으로 취급받기도 한다. 전 생애를 거쳐서 이 응당한 여정을 거치지 않는 인간은 없다.

76. 인간을 계몽시키는 행위가
    가지는 의의

계몽으로 인하여 우리가 추구해야 할 본질은
인간의 정신에 담긴 내적 체계의 규율과 합목적성을
스스로가 파악하고 구축해 나가게 돕는 것이다.

이는 계몽의 과정으로 이끄는 것은 타인의 영지英智를 통해서이지만, 계몽으로 인하여 삶을 향유할 수 있는 결과로 이끄는 판단은 자의에 의해 이루어져야 함을 역설하는 이유이기도 하다.

계몽을 통하여 인간은 모르고 지냈던 삶의 무의식적인 층위를 확인하게 되며, 주체성을 일깨워 자기 의식을 향한 하나의 지평을 열게 된다. 또한 깨우침으로 인하여 내면의 비 자립성과 정신적인 부자유에서 벗어나 진정한 자아의 모습과 마주하여, 스스로를 합리적인 상황으로 인도하게끔 돕는다. 이 과정에서 개인의 올바른 판단력과 사고 정신은 추축樞軸이 되며, 이것이 없는 인간은 장님이 빛을 바라보는 것과 같은 이치이다.

그렇다면 계몽으로 인하여 우리가 추구해야 할 궁극은 무엇일까? 그것은 자아가 경험적 지식에만 머무르는 것이 아니라 정신이 내면화되는 과정을 거쳐, 그 안에서 세상을 바라보며 흡수한 다양한 원리가 공존하여, 그것으로 인하여 뻗어 나간 가지와 잎이 창성하게 해야 함이다. 그를 위하여 인간은 고결한 마음과 용기를 품고, 인간 존재가 추구해야 할 가치란 무엇인지 골몰해야 한다. 우리의 정신은 무엇을 획득해야 타당성을 나타낼 수 있는지를 연구해야 한다. 어떤 정신의 토대와 필연성으로 스스로의 본질에 가까이 다가갈 수 있는 것인가? 우리가 내재한 자질을 계발하려는 굳건한 의지를 지님과 동시에, 스스로 부단히도 깨우치려고 노력할 때 영혼이 추구하는 답에 다가갈 수있다.

77. 인간이라면 경험하게 되는
    공허감의 실체는 올바른 가치적
    지향점의 부재이다.

인간이라면 누구나 삶에서 그 본디가 멸절을 향하여 내달리는 무가치함에 종속되어 순전한 공허감을 경험한다. 여기에서 마주하게 되는 공허감의 실체란 첫째로, 올바른 가치적 지향점이 부재함이다. 인간은 정신이 지배하는 대상이며, 정신적 가치가 내포하는 잠재적 속성이 높고 낮음에 따라서 영적인 삶의 방향이 결정된다. 삶에서 건설적인 신념과 가치를 품지 않는 인간은, 자신에게 날 때부터 주어진 존귀한 삶을 누릴 수가 없다. 이것을 깨닫는 것이 인간의 과제이며, 깨달음 전까지 무수한 방황과 번뇌를 경험한다.

둘째로는, 고유한 특질을 파악하지 못해 인간과 대상이 지닌 정체성의 주위를 맴돌기만 하는 현상으로 설명될 수 있다. 인간 의식의 흔한 잔류는 존재가 겪는 우연성에 집중하는 경향이 있다. 그러나 인간의 삶을 설명하는 데에는 어떠한 우연도 존재하지 않는다. 우리를 둘러싼 삼라만상은 서로 밀접하게 연관되어 있다. 그리고 그것들의 정체성은 필연적인 방식으로 구성되어 있어서, 노력이 있다면 이는 우리가 인지할 수 있다.

우리가 흔히 생각하는 바로 인간의 무지는 모든 공허함의 근원이다. 광의廣義의 의미로 위와 같은 공허함의 원인에 대하여 담론하여 보았지만, 진실로 개별적인 개체가 지닌 그 이유를 알 수만 있다면 우리는 얼마나 행복해질 것인가? 그러기에 우리는 철학을 공부해야 한다. 인간이 단지 살아가기만을 추구할 것이 아닌, 삶의 본디적 요소에 가까워지기 위하여 자신과 삼라만상에 대한 깊은 앎을 수행하는 공부로써의 철학은 인간이 평생을 몸담아야 하는 학문이다.

자신과 타인에 관한 관심에서 비롯된 탐구와 애정만이
인간존재의 공허감을 조금이나마 소멸시키는 해결책이 될 것이다.

78. 우리는 진정한 지성이 지닌 진리의
명증성을 확보하기 위해서
주체적으로 의심을 품고 답을 찾는
과정을 거쳐야 한다.

인간이 자기 주도적인 삶을 추구하는 존재라는 진리는, 자신의 삶에 대한 통제력을 상실한 순간을 자각할 때 헤어나올 수 없는 무력감을 느낀다는 현상으로 입증된다. 자기의 가늠이 미치는 영역 안에서 마음 먹은 대로 삶의 일부분을 진두지휘할 수 없는 순간에 봉착한 인간은, 불가항력적인 요소를 마주하듯 통제 불가능이 초래하는 어둠을 느끼며 좌절하고 마는 것이다.

능동적이고 자기 주도적인 삶을 영위하는 인간의 의식에는 진정한 지성에 대한 진화된 생각이 수면 위로 떠오르게 된다.

진정한 지성은 타인의 영지英智를 통하되,
시대가 지성에게 요구하는 진리의 명증성을 확보하기 위하여
그 진위 판단은 스스로 그리고 주체적으로 의심을 품고
답을 찾는 과정의 산물로서 드러나야 한다.

인간이 추구해야 하는 진정한 지성이 내포하는 영역에는 내용과 태도의 측면에서 추상적이고 다분히 모호할 수 있는 광의적인 개념이 포함되어 있어, 우리에게는 특히 주의를 다해 정관靜觀을 견지하는 태도가 요구된다. 지각을 거치지 않는 의식의 사고 작용은 소용이 없기에 의식의 심연深淵에 도달한 후 우리는 심안心眼을 활용하여, 무수한 현상들이 어디를 향하여 하나로 수렴하는지 진리의 바탕이 되는 본연을 파악해야 한다. 또한 현대를 살아가고 있는 지성인으로서, 진정한 지성을 대할 때의 우리의 태도는 독자적이고도 여타의 것들과 긴밀한 유기성을 지녔으며, 교학敎學적으로도 실용의 측면을 겸비한 진리를 가장 최우선으로 여겨야 한다.

79. 스스로의 가능성을 의심하는 한이
 있더라도 극복해 내어 반드시 다시
 일어서고 마는 인간이 되어라!

세계 속에서 존재한다는 것만으로도 인간은 항상 도전과 시험을 받는다. 인간은 스스로를 하찮게 느낄 때 그 기인하는 바로 인하여, 자신의 본디를 의심한다. 이런 세계 속에 던져진 인간의 위대함을 결정짓는 요소는 인간이 취하는 태도에 따라서 결정된다. 즉, 스스로가 한계를 느끼고 고유한 가능성이 의심되는 한이 있더라도, 자신이 느끼는 비참함을 딛고 눈물을 닦고 다시 일어서는 것이 인간을 존귀하게 만드는 것이다. 과정과 결과가 모두 인간에게는 중요한 요소이지만, 인간이 선택할 수 없는 영역과 관련해서는 체념이 필요하다. 과정상의 충실함을 택한 인간은 결과를 겸허히 받아들일 줄 알게 된다.

　　그는 자신이 쏟아부은 충실함이 현재는 보이지 않지만,
　미지의 순간에 일구어질 비축을 현실화하는 기반이 됨을 믿는다.

　충실하다는 것은 그 행위로 인하여 다시 일어설 수 있게 만들어 주며, 자신의 겸허함을 증명하는 일이다. 그러므로 우리는 스스로의 가능성을 의심하는 한이 있더라도, 극복해 내어 반드시 다시 일어서고 마는 인간이 되어야 한다. 몸과 마음이 건강한 사람은 시련조차 바로잡을 수 있는 의지와 용기를 가진 자이다. 그런 자에게 시련은 있어도 굴종은 없기에, 그는 건실한 의지를 뿌리 삼아 묵묵히 원하는 바를 향해서 나아간다. 삶은 반복의 연속이다. 우리는 누구나 감정이나 기분에 매몰되지 않고, 관념 속에 추상하는 바를 주체적으로 실현해 나가며 살아가는 인생이 필수불가결함을 느낀다. 그것이야말로 정답이며 건실한 삶의 바탕이 된다. 우리에게는 삶을 유용하게 향유하기 위해 그것을 대하는 태도에 대한 진중한 사색이 간절하다.

80. 당신의 존재 일반이 존재 경향이 되는 날을 꿈꾸며

인간은 지류할 수 있는 하나의 경향성을 갖추기 전까지는 단지 존재 일반의 삶을 영위할 뿐이다. 우리는 하나의 경향성에 대하여 자타自他의 인정을 간절히 원하며 동시에, 그것에 대한 평가를 용인한다. 이는 시작은 자기 본위적이지만 자의적恣意的이지 않은 동시에 개연성에도 의존하지 않는다.

존재 일반이 유일무이한 존재 경향으로 인정받는
궁극의 순간에 가 닿는 경험을 할 수 있는가는
인간의 의지에 달렸다.

그렇다면 일반과 특수한 경향성을 구분 짓는 요소는 무엇인가? 인간은 누구나 존엄하지만, 우리는 단지 살아가기만 하는 자에게는 찬사를 보내지 않는다. 우리는 내면에 타인을 감화시킬 수 있는 고유성을 지닌 개체로서 발현된 명석한 빛을 가진 자는 세계와 손잡고, 그 안에서 하나의 존재 경향으로 남는다고 믿는다. 삶은 끝없는 투쟁이며, 우리는 여기에서 단순히 살아남는 것 이상으로 끝없이 자신만의 고유성을 증명해 내야 하는 과제를 안고 태어난다. 스스로 바로 선 자는 세계의 진리들과 마주하게 되는 법이다. 우리가 현상의 그 심연에 대하여 골몰하기만 한다면, 세계는 우리에게 그만의 철학이 담긴 하나의 메시지를 주려고 한다. 세계는 그 자체로 하나의 기염을 토하는 살아있는 실체인 것을 잊어서는 안 된다. 그러니 당신의 존재 일반이 존재 경향이 되는 날을 꿈꾸고 노력하며 살아가라! 또한 세계가 선물하는 메시지를 받을 수 있도록 기도하라! 이런 행위들은 자신의 영혼은 물론이며 타인에게도 비범한 존재 경향으로 인정받으며 감화를 불러일으킨다.